中研叢書②

〈社〉中国研究所

中国は大丈夫か？

社会保障制度のゆくえ

創土社

目次

第一章　はじめに

1　いまなぜ中国で社会保障が問題なのか

中国は建国五〇年を経過した。この二〇年間の改革・開放政策によって、中国は輝かしい経済成長を達成した。一方、この黄色い大地には「失業という亡霊」が徘徊し、暗い影を投げかけている。中国の社会保障制度の改革と拡充が、重点的国策の一つとして、現在強力に推進されているのは、この中国経済の光と影の両面に即発されたものなのである。

これまで社会保険制度の適用は国家行政機関・国有企業従業員の狭い範囲に限定されていた。だが、高成長により、全国民的な社会のセーフティ・ネットを構築する段階が現実のものとなった。また、国有企業改革の大構造調整によって一〇〇〇万人以上の「失業者」が生まれている。この失業者の再就業を安定的に遂行しなければならない。社会保障制度の改革と拡充は、こうした二重の要因によるものなのである。一般には、まず後者の大失業時代に対処する社会保障制度の整備という認識が全面に出ている。

すでに一九九四年から中国は本格的に国有企業改革に乗り出し、赤字国有企業の構造調整を進めてきた。

とくに九七年からは規模を拡大し、九八年の朱鎔基首相の登場とともに、国有企業改革、金融改革、行政改革の三大改革を加速するようになった。この改革は隠れた失業を顕在化させ、一〇〇〇万を超える実質失業者を生み出している。公式失業者は九五年に五〇〇万を超え、九八年には五七一万となった。失業率は三・一%と、決して高くないが、これは企業の倒産、整理などによって解雇された完全失業者を示すにすぎない。

国有企業のリストラで整理された人々は「一時帰休（以下、下崗《かこう》）」とされる。下崗者は本給の五分の一〜四分の一の基本生活資金を支給され、休職状態に置かれるが、企業、単位（職場）とは雇用関係は維持されるから、社会保険や住宅などの供与は継続し、失業とは扱われない。もともと下崗とは国有企業の過剰労働力を他の部門に移すために一時休職させることで、かつての下郷、下放、下海といわれた現象と似ている。下郷、下放は六〇〜七〇年代に都市から農村に青年が移動したことを意味し、都市の過剰労働を農村の発展に役立てる事であった。下海は国家・国有部門から民間部門に転職することを指していた。

下崗は休職状態に置かれた期間に職業訓練を受けたり、求職活動や自営の道を探す。三年間が過ぎると、雇用関係が解除され、文字通り失業する。しかし、この下崗は実質的には失業を意味する。支給される生活資金は失業手当てと大差なく、元の職に戻ることはないからである。

九八年初め、未就職の下崗人数は約六〇〇万を数えた。これに失業者五七〇万を加えると、およそ一二〇〇万近くが事実上の失業者ということになる。実質失業率は六・二%である。つまり、公式失業率の二倍である。だが、実際にリストラにあった人々は九七年までに二〇〇〇万人に及んだ。そのうち一四〇〇万（七〇%）が企業外への配置替え（一五%）や繰上げ退職（二〇%）、自営業の開拓（三・五%）で調整を見つけたという。九五年から九九年にかけて、都市の国有・集団企業では三一三五万の従業員の減少が記録されている。

そして、九九年には大リストラが実行され、なお一一七四万を超える下崗失業が生まれ、そのピークに達した。失業の深度と広がりは峠を越したとみられ、この克服の成否が二一世紀の中国経済を左右するといっても過言ではない。下崗失業の拡大が大きな社会問題として、中国の人々に社会不安を醸成しており、社会保障制度の整備と拡充を焦眉の急としている。国有企業の従業員は企業単位から離れると、住宅の保障や社会保険、その他の社会福利の適用を受けることができない。そのため、国有企業の改革・整理が進まないと言われている。また再雇用への保証措置も十分ではない。

これまでの中国の社会保障制度は、老齢年金保険、医療保険、失業保険、労災保険、出産育児保険、すべてが国有企業の給付によって賄われてきた。計画経済の時代は企業の財源は国家によって保障されていたが、市場経済化が進展し、企業所得が市場価格によって決定されるようになると、社会保険を給付できない企業が続出し、いわゆる赤字国有企業には、もはや社会的費用を負担しえないという事態となった。

三七〇〇万に及ぶ退職年金受給者の年金は年間二四〇〇億元以上に上る。これを退職積立金のない企業が負担する。赤字企業には老齢年金を貰えない退職者が続出し、大きな社会問題となっている。また、赤字企業の従業員・退職者への医療費の未払いが頻発し、病院は自衛のため患者に多額の前払いを要求する事例が社会を賑わした。九四年九月末までに、期日通り年金を受け取れなかった退職者は全体の一・八%、四九万人に達した（敦晋平編『中国社会保険制度総覧』一九九五年、一〇三五頁）。九九年末の年金受給者数は三七二七万人で、大部分は八五年以前に就職した人々であると考えられる。八五年に導入された労働契約制適用の従業員は退職積立金をもっているが、それ以前の「固定工」退職者には積立てがなく、すべて企業の給付となっている。

さらに、社会保障制度の確立が重要視されているのは、二一世紀の中国の新経済体制の三本柱の一つとして位置付けられているからである。市場経済、マクロ・コントロール、社会保障制度がそれである。改革・開放政策の進展過程の中でも、社会保障制度の改革が最も遅く始まった。それには二つの理由がある。一つは改革以前の中国の社会保障制度が国有企業や国家行政機関を中心に実施されていたために、国有企業改革や行政改革の一環として行われるざるをえなかったことである。この国有企業改革が本格的に進められるのは九四年以降のことである。もう一つは中国の経済改革の目標モデルは九二年の中共一四大会でようやく決定されたが、この目標モデル―社会主義市場経済体制―と社会保障制度の関係が確定するのは、翌九三年の「社会主義市場経済体制を打ち立てる若干の問題に関する中共中央の決定」文書によってであった。

社会主義市場経済体制とは「公有制を主体とした多種経済」「市場の基礎的な資源配分機能」「全国統一の開放的市場大系とマクロ・コントロール大系」「効率、公平な所得分配と共同富裕」「多元的な社会保障制度による社会安定」の基本的枠組みをもつ経済制度であるとされる。この中国の二一世紀経済社会像の確定をうけて、多元的な社会保障制度確立へ向けて改革が加速されていくことになる。まず老齢年金保険と失業保険、医療保険に重点が置かれ、九七年には新しい制度の枠組みが創られた。このような政策の確立により、将来目標に向けてのスタートが切られたが、これは一面では中国経済の高成長が社会全体に社会保障制度を及ぼすことができるようになったことを反映している。

中国の高成長の担い手の一つは非国有経済であった。国有部門は七八年には工業総生産及び就業者数で七八%を占め、圧倒的な比重をもっていたが、九八年には、工業総生産では二八%、就業者数でも五三%に低下した。逆に非国有経済就業者は郷鎮企業が三〇〇〇万（社隊企業）から一億三〇〇〇万へ、私営企業はゼロから一〇〇〇万へ、外資系企業もゼロから六〇〇万へと拡大した。つまり、国家機関・国有経済部門以外の経済部門が、すでに国有部門を凌ぐ状態になったのである。しかし、社会保障制度は依然として国有経済にしか適用されず、非国有経済はいわば蚊帳の外に置かれてきた。まず、都市全体の領域で社会保障のセーフティ・ネットを拡大することが当面の目標とされている。これは国有企業のリストラの受け皿として、発展する非国有企業に再雇用を進める上でも極めて重要かつ必要な措置である。

さらに、社会保障制度の拡充・整備が求められているのが、総人口一二億五〇〇〇万人のうち九億人が住む広大な農村である。かつての人民公社時代には、集団的な社会福祉や低水準ながらも農村医療が存在していた。人民公社が解体され、末端の行政単位である郷鎮政府ができた。集団経営が家族経営、家族労働に変わり、社会福祉は郷鎮政府の役目となったが、郷鎮企業から多額の収入のある郷鎮政府は村民に手厚い福祉を導入することができるが、多くは独自の収入に事欠いている。社会福祉の面において農村間の地域格差が増大し、ひいては農村社会の安定を脅かしているといっても過言ではない。郷鎮の下には村という自治組織がある。九八年から、その管理組織である村民委員会の主任及び委員の直接選挙が全国で実施されるようになったが、これも農村自治による安定化をねらったもので、広大な農村に一定の社会保障システムの再建が要請されている(「村民委員会組織法」一九九八年)。

このような動因から社会保障制度の改革と拡充が大きな課題として登場しているが、どのような社会保障制度を構築していくかについては、これまでの世界各国の制度的経験が参考とされている。中国は一人っ子政策の影響もあって、すでに二〇〇〇年には高齢化社会(六五歳以上の人口比が七%)に達し、二〇二〇年には一四%と超高齢化社会の段階に急速に突入することが予測され、現在超高齢化社会に入っている先進各国が直面している問題と課題を参考に、一〇年、二〇年後の社会保障制度の充実をめざしているといえる。また、中国と同様高成長を達成したタイやマレーシアなどの東アジアの国々でも、経済力が向上し、社会保障制度の導入が計られ始めている。

このように、中国の社会保障制度の確立は中国独自の性格をもっているばかりでなく、ある意味では、世界的な潮流を具現しているともいえる。つまり、高成長を達成しつつある途上国的性格と高齢化社会後の先進国の福祉国家の見直し（いわゆるサッチャーリズム以降のイギリスやスウェーデンの国家給付的福祉制度から自助的、民営的システムの強化）を踏まえている。

しかし、一二億五〇〇〇万に及ぶ人口大国の中国に社会的セーフティ・ネットを構築するという課題は巨大なスケールをもつ、まさに新世紀の大実験ともいうべきである。

2　中国型社会保障制度の原理

現在に直接つながる社会保障の概念が初めて公式文書に登場したのは、八五年九月に公布された「第七次五カ年計画の建議」文書においてであった。「改革・開放の新しい状況に適用するために、多種多様な形式や項目、基準をもつ、新しい社会保障制度を真剣に研究し、創出すること」が初めて提起された。「全ての企業・事業単位に各種保険制度を導入し、都市と農村の個人勤労者の社会保険制度もしっかり研究し、試行を進め、逐次実施に移す。これは経済体制改革の順調な進行と成功をかちとる重要な条件であり、社会の安定と国家の恒久的安寧の根本的大計である。健全な社会保障制度を設立するには、中国の当面の国情・国力から出発し、実行する範囲、項目、基準は国家、企業、個人の負担能力を超えてはならない。社会保障資金は国家、企業、個人の合理的負担に依るべきで、過去のように全て国家がまかなうやり方を変えるべきである」。そして、「社会保障機構が社会保険、社会福利、社会救済、社会優待を統一して管理する方向に改革すべきである」(『十二大以来　重要文献選編』、人民出版社、一九八六年、八二〇〜三二頁)として、将来の社会保障制度改革の雛型を打ち出した。

ここに初めて全社会的な制度としての社会保障制度の導入構想が示されたのであるが、実際には八六年に「国営企業待業規定」ができ、国営企業に新たに「待業保険制度」が導入されたことと労働契約制の導入に伴う積立方式の老齢年金制の設立、年金の統一運営の実験都市での試行が行われたが、九〇年代初めまで根本的な発展はなかった。この「待業」は、社会主義には失業がないという考えからきており、これが失業と名を変えるのは九四年一月になってからである。九八年になって、ようやく「失業保険条例」が成立した。

社会保障制度が大きく進展するのは、九二年十月の中共第一四回大会で、改革・開放政策の到達目標とする二一世紀中国の将来経済社会像として「社会主義市場経済体制」モデルが確定したことを受けてであった。七八年に始まった改革・開放政策は計画から市場へと漸進的な改革過程を経てきた。最初は「計画経済を主とし、市場調節を補助とする原則」が採られ、農村から都市への改革へと進んだ。そこでは、個人経済や郷鎮企業などの展開による商品経済化が進展した。八四年からは「計画的商品経済体制」が志向され、全般的に市場経済化が進められた。地方分権と企業自主権の拡大を軸に計画と市場の二重体制が採られ、市場の比重が高まる方向に誘導された。そして、天安門事件を挟んで八九年から九二年までの三年間の調整期を経て、いわば市場を主体とする経済へと目標を定めたのである。それが「社会主義市場経済体制」の目標モデルである。

「社会主義市場経済体制」を中国では、「中国の特色を持つ社会主義」といい、社会主義体制の一種と見なしている。我々の目からみると、それは「新（進化）資本主義」の一種に見える。市場によって社会的再生産が律せられるのは、市場の主役たる企業が個別資本として機能していることを前提とする。たとえ国有企業が多くを占めていたとしても、それは個別資本として行動せざるをえないのである。社会主義は計画的な資源配分を行うシステムである。一方、社会主義市場経済体制の下で、計画的資源配分が主役を果たすことはあり得ないし、国有企業も計画的資源配分に参与するわけではない。したがって、社会主義市場経済体制は新資本主義経済の一種であると考えるほうが適切である。

ここでは、市場が主体である。市場が基礎的に社会の資源配分を律する機能を果たす。市場経済は社会的資源を合理的に配分し、需要と供給を協調させるが、他面では「それ自身の弱点と消極面」をもっている。いわゆる「市場の失敗」である。市場経済は本来自由な生産、無政府的生産を前提とし、市場が需給を調節するのであるが、必然的に景気変動を伴い、不況や失業をもたらす。そのために、経済の変動を制御する装置として、マクロ・コントロール大系が必要とされる。また、自由な市場経済は社会の階層分化をもたらす傾向をもつ。社会の両極分化を防止し、「ともに豊かな社会」を実現するためには、社会保障制度の確立が必須であるというのが中国の基本認識となっている。

つまり、社会保障制度は中国の二一世紀将来社会（二〇一〇年までに基本的に確立）の不可欠な基本制度となったのである。これまでの国家機関・国有企業の人員のための社会保障制度から全社会的なシステムへ、原理的転換がなされたのである。これをうけて、社会主義市場経済体制への移行過程の改革と発展政策の枠組みが決定された。それが一九九三年の中共一四期三中全会の「社会主義市場経済体制構築の若干の問題に関する中共中央の決定」(以下、決定50条)である。その第26条から28条に社会保障制度に関する条項がある。これが現在の中国の社会保障基本条項といえる。

第26条には、社会保障制度の意義と範囲が規定されている。「多元的な社会保障制度を構築することは企業と事業体の改革を深化させ、社会的安定を保持し、社会主義市場経済体制を順調に打ち立てるために、重大な意義をもつ。社会保障大系には、社会保険、社会救済、社会福利、社会優待と社会互助、個人貯蓄の蓄積保障を含む。社会保障政策を統一し、管理を法制化しなければならない。社会保障制度の水準は我が国の社会生産力の発展水準及び各方面の受入れ能力に照応していなければならない。都市と農村の住民の社会保障はそのやり方に区別がなければならない。社会互助を提唱する。商業性保険業を発展させ、社会保険の補充とする」。とくに、社会保障の水準について、経済発展水準と負担能力を考慮した制度と内容にすることが留保されていることに注意する必要がある。

中国は高成長したとはいえ、なお一人当たりＧＤＰ八〇〇ドルの途上国である。このためには社会保険制度に積立方式を導入し、年金基金などによって将来の老齢年金等の支払い増加に備えて蓄積を計らなければならない。つまり、租税による賦課方式で社会保障費をまかなう、いわゆる福祉国家を実現することではない。この点はかつての福祉国家イギリスやスウェーデンの失敗を他山の石としている。

第27条は、社会保障の各種の類型とその財源や保障方式についてであり、社会保険における従来の国家保障方式から賦課・積立両方式の混合方式への移行を主たる内容とする。「社会保障の異なった類型に従って、その資金源と保障方式を確定する。企業の老齢年金・失業保険制度を重点的に完成させ、社会サービス機能を強化し、企業負担を軽減し、企業組織の構造調整を促し、企業の経済効率と競争力を向上させる。都市従業員の老齢年金と医療保険金は単位と個人による共同負担とし、社会統一プールと個人勘定の組み合わせとする。さらに失業保険制度を健全化し、保険費は企業の従業員の賃金総額の一定比率にしたがって統一的に徴収する。広く企業労災保険制度をつくる。農民の老齢保障は家庭保障を主とし、地域社会の支援と結び付ける。条件のあるところでは、農民の自主性に基づき、個人貯蓄による老齢年金保険を積み立てることができる」。

第28条は統一的な社会保障管理機構を設立し、基金管理を自立化し、業務機構を分離することによって、社会保障管理機構を整備することを規定した。これまで社会保障に関する行政機関は、統一的な管理機構がなく、「船頭多くして、船山に上る」状態にあり、行政組織、基金、業務機構の三者が分離していなかった。そのため、制度が不統一で、規範的でなく、処理の仕方もいろいろで、既に形成された利益構造を調整することが困難であった。そのため、労働力の流動化を阻害し、社会主義市場経済の発展にも障害となっていた(『十四大以来　重要文献選編』上、人民出版社、一九九六年、五三五頁)。

この社会保障三カ条方針が基本になって、その後各種の社会保障制度の整備と拡充が実行されてゆくのである。

一国の社会保障制度の体系は各国に共通している部分とその国の実情に合った特有な部分から成り立っていることが多い。一般に、国際労働機構(ＩＬＯ)が採択している社会保障概念は、社会保険、社会救助、国家財政による福利補助、家庭補助および貯蓄基金を含み、さらに雇用者に関する補充条項、各種社会保障に関する補充条項を包括するものとなっている。個別事例では、たとえば、アメリカの社会保障体系の枠組みは六つの部分から成り立っている。社会保険、社会救済、退役軍人補助、老人医療サービス、教育、住宅である。これに対して、中国の社会保障体系は次のように四つの部分から構成される。

第一は社会救済である。これは最低層の最低生活の社会保障である。これには災害による家族・個人の生活保障、身寄りの無い絶対貧困者の生活保障、国家最低生活水準より低い家族・個人の生活保障がある。

第二は社会保険で、賃金労働者を対象にした基本的な保障制度である。労働能力を失い、賃金を得られなくなった後も基本的な生活を享受できる。この社会保険には、退職者の生活を保障する老齢年金保険、病気の従業員の生活を保障する医療保険、失業者の生活を保障する失業保険、労働災害を受けた者の生活を保障する労災（工傷）保険、女子の出産育児期間の生活を保障する出産育児保険がある。第三は社会福利で、都市と農村の住民の生活福利を増進する広義の社会保障である。その内容は公共衛生施設、住民の住宅、財政補助、生活手当て・補助、集団福利施設である。第四は社会優待である。特殊な型の社会保障で、軍人及びその家族、革命烈士の遺族の生活保障である。革命烈士の遺族救済、現役軍人と家族の優待、退役軍人の生活保障と就業措置という内容から成っている（労働部課題組『中国社会保障体系的建與完善』中国経済出版社、一九九四年、一二〇頁）。

社会保険は前述のように老齢年金保険、医療保険、失業保険（日本では雇用保険という）、労災保険、出産育児保険の五種より成るが、中国の特徴は出産育児保険が独立した制度になっていることである。いうまでもなく、一人っ子政策による人口増加の抑制策が強力に採られていることの表れである。老齢年金保険と医療保険は現在整備中の制度で、国家と企業と個人の積立制、失業保険は企業と個人の一定の拠出であり、労災と出産育児は企業単位の負担である。社会救済、社会福利、社会優待は財政支出による。

社会保障管理体制について言えば、社会救済、社会福祉、社会優待は民政省によって一括管理されてきたが、社会保険と医療衛生事業については複数の省庁によって管理される状態がつづいてきた。とくに、社会保険については、労働省、人事局、衛生省、民政省、財政省、人民銀行、商業保険公司、会計検査院、司法省、教育省、労働組合、婦人連合会及び党の組織部などの多くの部門が係わっていた。それが九八年の行政改革で、労働・社会保障省が成立し、社会保険を統一管理することとなった。

3　国家（企業）保障から社会保障へ

伝統的社会保障制度

新中国の社会保障制度は三つの時期を経て発展してきた。建国から第一次五カ年計画が終了する五七年までに基本的な枠組みが形成されたが、その時期から文革の始まった六六年までが第一期である。社会保障制度が建国の早期から導入されるのは、労働者階級に依拠する中国共産党によって国造りが行われたからである。すでに、建国以前に東北人民政府が四八年に「東北労働保険条例」を施行していたし、企業単位内福利は解放区時代の政府機関人員の「供給制」が原型になっているといわれる。

建国から五四年憲法までの暫定憲法とも言うべき「中国人民政治協商会議共同綱領」は、第32条で「逐次労働保険制度を実行する」とし、早くも五〇年十月には「中華人民共和国労働保険条例」を起草し、全国の討議をへて、五一年二月正式に公布した。五三年一月にはさらに実施範囲を拡大し、労働保険基準を引き上げる修正を加えた。以後四〇数年中国企業の社会保険制度の基本法というべき地位を占めた。

この「労働保険条例」は失業保険を除いて、老齢、負傷、疾病、出産育児、死亡待遇、産業救済などの基本的な保険項目を含んでいた。労働保険制度の最高指導機構は中華全国総工会（労働組合総連合）で、全国労働保険行政の最高監督機関が労働省であった。労働保険金は一部は企業から直接支払われ、一部は総工会から支払われた。つまり、一部は全国統一運用を行っていたのである。そして、個々の項目、退職年金、医療などの政策法規はそれぞれ個別の法令、規則を段階的に整備し、保障を拡充していった。

社会救済は内務省の管轄で行われ、農村では飢饉や災害難民の救済を進め、都市では生活が困難な貧民に対する救済活動が行われた。

社会福利と福利事業では、五〇年六月「中華人民共和国工会法」が成立し、労働組合（工会）が労働者大衆の物質的、文化的生活の改善に責任をもつこととされ、企業の託児所、食堂、幼稚園、文化宮、職員住宅などに国家の非生産建設投資が当てられ、福祉補助費として、賃金総額の二・五％が計上された。つまり、「国家保障」として企業社会福利が行われ、それを全国総工会が統括していたのである。

社会優待工作では、とくに建国初期、大量の傷病軍人や革命で犠牲になった遺族の保障問題が課題とされ、五〇年に内務省は五つの条例を公布し、革命烈士・軍人家族の優待基準を定め、傷痍軍人に対する傷痍等級基準を統一した。とりわけ、革命と解放戦争が長期にわたり、その功労者、犠牲者は大量に上り、革命の成就は多くの犠牲者に対する功労・救済措置を一つの社会保障項目としたのである。

五八年から六五年までは、大躍進政策の失敗と最初の経済大調整の時期で、いわゆる共産風（その代表が公共食堂）によって社会保障制度も衝撃を受けたが、調整過程をへて、一定の発展があった。とくに、退職規定は、その適用範囲が拡大されるとともに、医療保険についても調整が進み、内容が高度化した。

農村の社会保障は五六年の高級農業合作社の時代に「五保戸」（衣、食、燃料、年少者の教育、葬式）に対する保障制度が始まり、人民公社の成立とともに、そのシステムに組み込まれた。農村医療は農村共同化運動の過程で、互助医療が始められ、六五年九月衛生省の『衛生工作の重点を農村に置くことに関する報告』が中共中央から全国に下達されるに及んで、協同（合作）医療制度（農民が自主的に作った互助共済医療制度）が強化、拡大された。

この時期の中国の社会保障制度の特徴は、社会保険制度について言えば、国家保障制度というべき性格をもっていたことである。対象は国営企業従業員、「国家公務員」に限られ、国家財政の支出に依存するものであった。老齢年金保険は全国統一運営による積立方式をとり、中華全国総工会が統括し、企業内福利も工会が運営し、内務省が監督していた。

社会救済、社会福利、社会優待は主に租税で賄われ、民政省によって管轄されていた。つまり、中国の社会保障制度の原型は国家保障制度であり、社会保障給付は国家職員・国営企業労働者に対する実質賃金という性格を強くもっていたのである。この階層には比較的手厚い制度となっていたが、六五年には国営企業従業員は約四〇〇〇万人で、全就業人口四億三〇〇〇万の一〇％弱に過ぎなかった。人口の七五％を占める農村は、年金制度もなく、医療給付の水準も低かったのである。

第二期は、文革が始まる六六年から本格的な社会保障制度改革に進む九〇年代初期に当たる。この時期は国家保障制度から「企業保障制度」への変容が進み、中国の計画経済体制下の社会保障制度の基準型がつくられ、整備される。

文化大革命は社会保障制度に衝撃を与えた。制度の本質は依然として国家保障であったが、制度の運営主体は個別企業に姿を変えた。制度が破壊にされたため、社会保険制度は大きく後退した。

六九年二月、財政省は「国営企業財務工作の幾つかの制度に関する改革意見」(草案)を通知し、「国営企業は一律に労働保険金の引出しを禁止し、企業の退職者、長期病欠者とその他の労働保険支出を営業外支出とする」と規定した。このため、社会保険金の統一的な調整工作が停止され、その機能を担っていた中華全国総工会の労働保険の指導運営がなくなった。また、社会保険金は基金の蓄積を停止、当期収支制を実行し、労働保険支出は企業の営業外支出とされ、企業の責任となった。社会保険や社会福祉を管轄していた内務省や民政省が解散され、社会保障全体が機能停止することが多く、いよいよ企業単位で社会保障を運営する「企業保障制度」に変容していった。

ただし、企業保障制度といっても、社会保険にしろ、社会福利にしろ、企業が単独で支出をまかなったわけではない。なぜなら、社会保険費は利潤上納額から控除するか営業外支出とされ、社会福利費は賃金総額から一定割合で控除されたからであり、いずれも国家資金が企業資金に姿を変えたに過ぎないからである。それと重大な変化は社会保険の積立てを解消するとともに、従業員の自己積立てを行わず、企業会計からの支出に依存したことである。これは改革後の老齢年金の膨大な基金不足をもたらす遠因となった。また、このため企業負担の不均衡が一層拡大することともなった。

農村の社会保障は、文革期には農村を中心とする建設路線が採られたから、むしろ人民公社体制の下に五保戸救済措置も拡大し、「はだしの医者」「針療法」による医療事業の発展や協同医療保険制度の一定の発展があった。「はだしの医者」は正規の医者ではなく、医療衛生の指導員のようなもので、衛生院や診療所で簡易治療を行ったり、衛生指導した。「針麻酔療法」が見直され、針治療が行われ、極めて安上がりの医療として普及した。

しかし、社会福利面では破壊的影響が強かった。多くの福利施設が解散、合併、移転を余儀なくされ、七六年十月までに全国の福利生産単位は三〇％減少し、社会福利施設も七〇〇余りまで減少した（董輔礽編『中華人民共和国経済史』下、経済科学出版社、一九九九年、五二一頁）。

したがって、七八年から始まる改革・開放政策は社会保障制度については、改革というより、文革によって破壊された制度を回復することがまず先行した。七八年には民政省が再建され、社会保険は労働省、社会福祉（社会救済、社会福利、社会優待）は民政省が管轄する体制ができた。

また、旧来の制度を回復するだけでなく、現実の経済と社会生活の発展に適応しなくなっている部分の修正と拡充が必要であった。その代表的な事例が八六年七月の「国営企業従業員待業保険暫定規定」による失業保険の導入である。国営企業従業員だけを対象としているのは旧来の枠組みだが、保険金は賃金総額の一％を企業が基金に収め、失業給付は労働者歴（工齢）によって最長二四カ月とした。これは九三年四月に「国有企業従業員待業保険規定」となって、失業保険の雛型となった。そして国有企業だけでなく、一般に適用される『失業保険条例』が成立するのが、九八年十二月のことである。

農村では人民公社体制を解体し、農業生産責任制がとられ、家族労働、家族経営が再建された。これに伴い、郷村の公共蓄積が低下し、五保戸を中心とした社会救済も協同医療事業も運用が困難となった。全国の大多数の農村地域の集団経済を基礎とする協同医療制度は解散、停止、あるいは有名無実となった。八五年の全国一〇省四五県の調査によれば、協同医療に参加している農村住民はわずか九・六％に過ぎず、自費医療が八一・二%に上っていた。八六年には協同医療をやっている村は五%まで低下している（鄭功成『中国社会保障論』湖北人民出版社、一九九四、三一三頁）。この五%の協同医療も旧来のものが残ったというよりも、責任制や郷鎮企業の発展に伴って、新しい内容をもつものであるという（鄭成功『論中国特色的社会保障道路』武漢大学出版社、一九九七年）。

すでに見たように、社会保障の新しい概念が提起されたのが八五年の「第七次五カ年計画」文書であり、八〇年代後半には社会保障の各項目について新しい試みが始まる。しかし、その試行を踏まえて、実際に改革が行われるのは九〇年代に入ってからである。

したがって、五二年の「労働保険条例」体制は九〇年代まで事実上継続するのであり、九三年の「決定50条」の基本法の成立に見られる、新しい改革の方向は九〇年代に入ってから、国有企業改革に随伴して、遅れて展開されるのである。

改革の方向と現状

中国社会保障制度の第三期、九〇年代の初めから二〇〇〇年までの社会保障制度の枠組みが初歩的にできあがる時期、第四期がおそらく社会保障制度が確立する二〇一〇年までの改革の時期である。

この改革の原則はこれまでの中国の社会保障制度の欠陥を補い、新しい二一世紀将来経済像に相応しい社会保障制度へと改革していく基本的な方向を示すものである。中国の社会保障制度改革の基本文書の一つは李鉄映国務委員の「中国の特色もつ社会保障制度を構築しよう」（『中国社会保障制度全書』序言、九五年七月）である。

第一に、国家保障制度ないし企業保障制度といわれるような社会の狭い範囲や領域に限らず、全社会的な保障システムに改変していくことである。国家・国有部門だけでなく、国有部門を凌ぐ程に発展してきた非国有部門を社会保障制度に組み込んだシステムを形成することである。なお、中国の伝統的な社会保障制度を国家保障制度、企業保障制度と定式化したのは、鄭功成氏である（前掲『論中国特色的社会保障道路』八七～九一頁）。

第二に、国家ないし企業請負といわれるような社会保険金負担を国家、企業、個人の三者が合理的な割合で分担するシステムを創ることである。

第三に、社会保険については、賦課方式（中国では「現収現付」方式と言っている）ではなく、積立方式を採用することである。老齢年金基金、医療保険基金、失業保険基金など基金方式を採る必要がある。これは中国がなお発展途上国の段階にあり、成長資源を蓄積し、一定の高い成長を必要とするからである。これには西欧の福祉国家の破産という経験を避けるという意味もある。

第四に、統一的な社会保障管理機構を設立することである。これまでは、国営企業単位毎に社会保険や社会福利が運営されてきた。そのため、企業によって退職年金や医療保険の負担が過重になったり、企業間の不均衡が生じていた。行政管理と保険基金の運営管理を分離し、執行と監督機構を分設する。政企不分離による基金の流用や乱用が生じないようにする必要がある。

第五に、社会保険の運営単位は企業ではなく、地域単位に再編成することである。全国一律の運営が望ましいが、中国は地域の格差や特徴があるので、現段階では省級単位などでプールし、運営することが必要である。

第六に、中国の国情に合った多元的な社会保障体系を設立することが必要である。現状では、都市と農村に共通する一律の制度をとることはできない。その意味で、多次元、多層の保障システムを採り、多元的セーフティ・ネットの構築が求められる。

第七に、新社会保障制度の構築には、移行措置が必要であり、社会の安定を保証し、漸進的に新制度に移行する。ここでも中国の漸進改革の特徴を帯びる。

このような改革原則の方向に沿って、九〇年代の社会保障制度の改革が進展した。

社会保険改革

とくに、重点とされたのは老齢年金保険、失業保険と医療保険である。老齢年金保険制度は、九一年、国務院の「企業従業員老齢年金制度改革に関する決定」の発布によって新しい段階に入った。保険金を国家、企業、個人の負担とし、都市企業の老齢年金保険は労働省が、国家機関単位は人事省が、農村（郷鎮企業を含む）は民政省が管轄した。また、退職年金を省レベルの地域統一プールとした。そして九七年七月には「統一的企業従業員基本老齢年金保険制度を構築することに関する決定」が公布され、規範的な法的枠組みが出来上がった。

その要点は、従業員の賃金の一一％を個人口座に積み立てる。そのうち個人の積立ては四％から八％まで徐々に拡大し、企業は逆に七％から三％に下げる。企業の納付率は省級政府が決定するが、その最高限度は企業賃金総額の二〇％以下とする。年金支給は積立年限を一五年以上とし、基礎年金と個人口座年金に分かれる。九九年には、産業別統一プール（鉄道省、交通省、水利省、情報産業省等）からの省級統一プールへの統合も進み、九八年末には全国で基本老齢年金保険の省級統一プールが実現し、参加企業従業員数は九五〇〇万に上り、都市企業従業員総数二億一〇一四万の四五％を占めるまでになった。

農村の老齢年金保険は、比較的経済が発展している農村地域に施行しようとするもので、九二年の民政省が発布した「県級農村社会老齢年金保険基本方案（試行）」で示された基本方案に沿って試行点が拡大している。その基本は老年の基本生活を保障することを目的とし、資金は個人の積立てを主とし、集団が補助し、国家が援助する仕組みを創ることである。九八年には全国で二億の農民が保険に加入し、累積保険金は一〇〇億元余に達している。

国有企業改革の進展に伴う失業保険制度の拡充が強力に進められている。九四年に待業保険から失業保険へと名称を変更し、国有企業従業員ばかりでなく、都市の企業従業員全体をカバーする方向で、制度の拡充が急がれている。九五年二月の労働省の「失業保険工作に関する報告」は、九六～二〇〇〇年の第九次五カ年計画期に都市の全ての従業員を加入させ、国家、企業、個人の三者の負担による基金、失業救済と再就業を結び付け、管理とサービスを社会化した新型失業保険制度を提起した。九八年十二月には「失業保険条例」が成立している。登録失業者数は九四年では四七六万人であったが、失業保険金を受け取ることができたのは一三〇万人余で、受給率が三〇％にも満たない。その後失業者は九五年五二〇万、九六年五五三万、九七年五七〇万、九八年五七一万、九九年五七五万とそれほど増加していない。現在の「失業問題」は下崗問題にあり、完全失業に及んでいない。

もう一つの重点は医療保険制度の改革である。医療保険制度の改革は八八年の国務院の「従業員医療保険制度改革構想」の発表に始まる。とくに、九四年初めの鎮江、九江両市を改革試行点として、実験的な試行を重点的に行い、九七年一月には五八の試点都市に拡大した。そして、その結果を踏まえて、九八年十一月二十六～二十七日北京で「全国都市従業員医療保険制度改革工作会議」を開催し、国務院「都市従業員基本医療保険制度を構築することに関する決定（意見徴集稿）」を公布した。

この「決定」は全国的な都市従業員医療保険制度の確立を示す指標となった。その主な内容は、①就業単位と個人が賃金総額の一定割合を積み立てる、②個人口座と社会統一基金を設ける、③医療費負担の基準を定め、従業員個人にも一部の費用を負担させる、④省市レベルを単位に社会医療基金をつくる、⑤医療サービス提供と費用の制御メカニズムを作ることであった。これによって、従来の公費医療と国有企業労働保険医療の医療費の膨張を抑制し、医療保険制度がカバーする社会範囲を都市企業全体に拡大する基礎を得た。

農村人民公社の解体によって一時崩壊の危機に立たされた協同医療と協同保険制度は八〇年代後半から九〇年代初めにかけて、徐々に新しい形で発展してきた。村営村管理型、村営郷管理型、郷村合営型、郷営郷管理型、多者関与型、大病統一基金型など多様な新しい形式が生まれている。九六年、衛生省は「協同医療のカバー率を二〇一〇年には全国の農村の八〇％以上に拡大する」ことを提起した。九八年の時点では、進んだ地域、たとえば江蘇省では、全省の行政村で協同医療を実行し、カバー率は六四％に達しているし、開封市では三二％であった。

社会福利と社会救済

社会福利改革は、とりわけ企業内福利の改革が迫られている。計画経済体制下では低賃金、高福利の制度が採られ、各種手当、企業内の福利施設、社会施設が設けられていた。このような社会的役割を企業が担うのは、計画経済体制の下で国家によって保障されていたが、市場価格化とともにその保障がなくなり、企業負担とされたから企業経営に重圧となり、国有企業改革の課題とされてきた。

通常病院や学校などの社会施設は行政府の役割であるから、これは行政が責任を果たしていないことを意味する。あるいは行政府が只でさえ赤字財政で、その負担能力を欠いていることになる。重点改革とされているのは、住宅体制改革である。新規供給の商品化、既存宿舎の払い下げによる私有化が進行している。社会施設の行政府への移管は、一部の優良国有企業が、とりあえずその費用を当面負担する形で運営を移管する例も見られるが、全体的には成果は顕著ではない（時正新、朱勇編『中国社会福利與社会進歩報告』社会科学文献出版社、一九九八年、二四頁）。

社会保障制度の最低次元のセーフティ・ネットが、都市の最低生活保障制度と農村救助制度である。一般に、経済の市場化の進展は各社会階層の格差を助長し、その対策を必要ならしめた。また、九三年の「決定50条」の社会保障基本方針が確定するとともに、九四年から大型国有企業の現代企業化と小型国有企業の民営化が本格的にスタートした。それに赤字国有企業の破産、整理の事例も多く発生し、失業がしだいに増加してきた。とくに、九七年の中共一五回大会を機に下崗失業が増大した。

九八年からは国有企業、銀行、行政の三大改革の三年計画が始められ、行政改革も加わった。最初の三年間は下崗で文字通りの失業ではないから、失業保険給付の対象ではなく、生活基本給が支給される。三年が経過し、再就業できないと失業となり、失業保険に加入していれば、二四カ月失業手当が給付される。実際には、失業保険に加入していない者もあり、支給される者も限定され、失業保険が大下崗失業時代に十分対応できるまでに到っていない。

こうして登場するのが都市の最低生活保障制度である。九三年の上海で導入されたのを嚆矢とし、省級・大都市に普及し、九七年には国務院が「全国の都市に住民最低生活保障制度を構築することに関する通知」を発し、九九年末までには、全国の全ての都市と県人民政府所在の鎮に住民最低生活保障制度を確立することを明確にした。小都市では最低が月七〇元から先進地域は二〇〇〜二五〇元で、九八年のこの制度による支給総額は一二億元であった。こうして、都市の下崗失業時代の対策として、下崗者に対し三年間、生活基本給二七〇〜三二〇元を保障し、失業手当も二年間、最低生活保障費の一二〇〜一五〇%が支給される。この二つの制度に該当しない場合に最低生活保障制度が適用されるのである。保障額も概ね三段階となっている。下崗の基本生活保障金は制度としての社会保障ではなく、「国有企業改革」に伴う過渡的な改革コストとしての財政措置である。この三つの措置を「三本の保障線」といっている。

農村の最低生活保障に当たるのが五保制度の整備と貧困対策の発展である。人民公社の解体によって集団経済が弱化するにつれ、五保（衣食住医葬）救済制度の拡充政策が採られた。九四年一月国務院は「農村五保扶養工作条例」を公布し、五保扶養の原則、対象、内容、形式、財産処理などの規範を確定し、県以上の政府民政部門に対して、五保扶養工作に対する監督、管理制度を強化するよう求め、法制化を進めた。もう一つの農村貧困戸に対する対策も進展し、いわゆる貧困線以下の農戸の自立援助と救済を組み合わせた政策が採られ、農村の貧困戸は大幅に減少した。農村の絶対貧困人口は八六年には一億二五〇〇万だったのが、九五年には六五〇〇万と半減した（李江、顔波編『中国経済問題報告』下、経済日報出版社、一九九八年、七一七〜八頁）。さらに九六年「農村社会保障体系建設指導方案」を発布し、農村においても最低社会保障制度の施行を提起し、農村最低生活保障制度がスタートし、九九年七月には一六六〇の県市区で実施され、三〇六万の農村住民（全体の〇・三六%）が最低保障を受けている。

九八年三月の第九期全人代第一回会議で「国務院機構改革法案」が成立し、労働・社会保障省が設けられ、元の労働省が管理していた都市従業員社会保険、人事省管理の機関事業単位の社会保険、民政省管理の農村社会保険、各産業部門の統一管理の社会保険、衛生省管理の医療保険すべてを統一管理する体制が出来上がった。

以上のように、中国の二一世紀社会に向けての社会保障制度の改革と新しい制度の創出過程は二〇〇一年を迎え、基本的な枠組みが形成されつつあることは明らかである。しかし、新しい枠組みは制度として、まだ想定されている程には普及も深化もしていない。とりわけ、改革・開放政策の最終局面を迎え、構造調整にともなう社会的摩擦が大規模に生じている現在、社会安定化装置としての新型社会保障制度が十分機能するには、なおかなりの時間を必要としているといえよう。

当面する諸問題

現在中国の社会保障制度が直面する最大の問題は、とくに新しい老齢年金制度の積立基金が退職者の当年の支払いに当てられ、基金として蓄積されていないことである。あたかも賦課方式の年金制度をとっているかの観を呈している。九六年では老齢年金受給者が三二一二万人で、その総支給額は一五五二億元であった。一人当たり五〇〇〇元である。このうち老齢年金保険によって賄われたのが一〇三〇万元であった。この年の保険総収入が一一七〇億元であったから、当年の積立残高はわずかに一四〇億元に過ぎない。歴年残高では五七〇億元しか残っていない。つまり、積立基金が当年の年金支払にほとんど当てられてしまっているのである（李鉄映「全国統一企業職工基本養老保険制度工作会議上的講話」――王東進『中国社会保障制度』企業管理出版社、一九九八年、二一六頁)。

さらに、新しい老齢年金制度発足以前に就職した在職従業員は、いわゆる個人口座をもっていない。つまり「空口座」になっているのである。この空口座分は一説によれば三兆元(九八年の国家財政の三年分)にも達するという(郭士征、葛寿昌『中国社会保険的改革與探索』上海財経大学出版社、一九九八年、七五頁)。これはある意味で当然のことで、これまで国家ないし企業が当期払いで、積立てをしてこなかった結果である。これについては「古い人は古いやり方を続ける」としているが、何らかの国家的な埋め合わせ措置が採られなければならない。これは、ある意味では社会保障制度固有の問題ではなく、国有企業改革にともなう改革コストをどう調整するかの問題である。したがっていずれにせよ、臨時的に国家資金による保障方式が考えられなければならない。これを現在の在職従業員からの徴収によるとすれば、その負担は現在の二倍になるといわれ、非常に困難であるが、GDPの一%を国家財政から補填すればよいという案が有力である。国有企業の売却益からの補塡も想定されている。

もう一つ遅れているのは、学校、病院といった社会施設の行政への移管がスムースに進んでいるとは言えないことである。これは主に行政府の方に問題がある。そうした社会施設を引取り、運営するには当然財政的裏付けがいる。政府財政は近年赤字を拡大しており、教育や厚生事業の負担能力がない。

もちろん、中国の社会保障制度は改革の途上にあり、今後制度の整備と拡充が必要なことは論を待たないが、二一世紀中国はこの課題を克服する展望が十分見こまれるとみてよい。

まず、中国の高成長はなお続くと見られるからである。二〇年続いた一〇%成長はこのところやや低下しているが、高成長を支える高貯蓄、高蓄積は今後も変わらないと予測される。中国の高成長は開放体制の下で、輸出の増加を中心とした貿易の発展、高度技術と資本の導入による国内産業の高度化によってもたらされたものである。二〇〇一年には実現されるとみられるＷＴＯ加盟は中国経済の成長構造を一層強化するものであろう。

さらに国有企業のリストラも克服する余地が大きい。なぜなら、中国は第三次産業の発展が極めて後れており、今後第三次産業の雇用吸収力が非常に大きいとみられるからである。九八年の第三次産業比率は二七％に過ぎない。先進諸国は大抵六〇％以上であり、リストラの受け皿は大きい。

また、中国の国有企業はロシアや東欧と比べて、なお良好なパフォーマンスをもつものが多い。資産処分による社会保障費補塡の役割を果たす力をもっている。

そして、中国の高成長は非国有経済の発展に支えられて来たことである。社会保障制度の充実を計るには、こうした高成長部門を制度化していくことによって、その基礎をはるかに強化することができるのである。

最後に、中国の財政が企業内社会施設を社会化するための財政、とくに地方財政を充実させねばならない。そしてその条件は十分に備わっていると考えられる。九八年の財政収入はＧＤＰのわずか一二％に過ぎない。改革・開放以前の三〇％と比べても、諸外国と比べても、著しく低い水準である。成長の果実を財政は効果的に吸収していない。九九年から新たに利子課税を導入したが、すでにその方向に動いている。

このように、社会保障制度を確立し、新しい社会を形成するには、なお大きなハードルがいくつもあるが、それを克服する条件もまた多く存在する。確かに、不良債務を多くかかえた赤字国有企業、その不良債権で動きがとれない銀行、社会保障機能を十分果たせない赤字財政の行政部門のトライアングルの克服は容易ならざるものがある。まさに「知難而進」（困難を承知で進む）以外にないのである。

（高橋　満）

第二章　老齢年金制度

改革以前の中国の国営企業の従業員の生活は、すべて企業によって保障されており、年金の財源は企業が全額を負担していたが、基本的には国家資金が企業資金に姿を変えたシステムによって保証されていた。しかし、八〇年代以降、企業改革、とくに、経済の市場化が進み、企業の社会福利費も自己の利潤留保分でまかなうことになったため、退職年金受給者を多くかかえる古い企業にとっては負担が重く、業績が悪化している企業では、年金を退職者に支給することができなくなったり、遅配が生ずることともなった。

そこで、国有企業の根本的な改革を行うために、年金受給者の範囲が狭く限定されていた従来の年金制度を改革する試みが八〇年代半ばから始まり、一四年間の実験期を通して、ようやく九七年七月に、統一基本老齢年金制度が制定された。

本章では、現在進められている中国における企業退職者の年金制度改革の展開過程及び統一された老齢年金保険制度を分析し、さらには今日世界の主要国で行われている年金制度の改革と対比することによって、中国の年金制度改革の特徴を明らかにする。ただし、農村部での改革は実験段階にあるので、主に都市部の労働者の年金制度を対象とする。

1　改革前――国営企業の年金制度

成立と展開

新中国成立二年後の五一年二月二十六日に、国家財政が困難な状態にあるにもかかわらず、国営企業制度の確立をはかる一環として、中国政府から「中華人民共和国労働保険条例」が公布された。この条例で初めて年金制度が導入され、これにより中国の年金制度が発足した。条例公布の一年後には、全国で八〇〇万人の在職者と二万人の退職者が制度の適用を受けた。

条例では定年退職と年金受給条件について次のように規定している。

①一般職員の場合、男子は満六〇歳、勤続年数二五年以上、当該企業で勤続一〇年以上の者、女子は満五〇歳、勤続二〇年以上で、当該企業で勤続年数満一〇年以上の者である。

②坑内や高所・高温の場所で勤務する職員は、一般の職員より五年早く定年退職する。勤続年数は一年間を一年三カ月として計算する。

③健康を害す恐れがある化学工業、軍事工業などの業種に従事する者は、退職年齢が男子五五歳、女子四五歳とする。勤続年数は一年間を一年六カ月として計算する。

④年金は、勤続年数に応じて、毎月、本人の標準賃金の三五～六〇％が死亡時まで給付される。

⑤財源は、企業が毎月の賃金総額の三％を保険料として収めることでまかなう。その財源の七〇％は企業の年金として支払われ、残りの三〇％は「中華全国総工会」が管掌する労働保険総基金に納付する。

⑥この条例は一〇〇人以上の従業員を持つ企業に適用される。

国民経済の回復と経済建設の展開にしたがって、五三年一月二日、「中華人民共和国労働保険条例」が修正され、給付水準が、毎月の標準賃金の五〇～七〇％まで引き上げられた。五八年には、企業及び政府機関・事業単位の定年退職制度を統合し、条例の適用範囲も従業員一〇〇人未満の企業に拡大された。この条例は六六年の文化大革命まで存続した。

文化大革命期（六六～七六年）には、労働保険制度そのものが「修正主義の毒」と批判され、年金支給も一時中断された。中華総工会の機能の停止に伴い、六九年以降、保険業務は各企業へ移管された。それまで積み立てられてきた労働保険総基金も費消されてしまった。この後、年金は各企業の営業外費用から支給必要額に応じて支出されるようになり、呼称も「労働保険」から「保険福利」へと変わっていく。中国では、年金運営のこうした分散化を「企業保険化」と呼んでいる。

七八年五月二十四日、国務院は「老弱・病気・障害をもつ幹部の生活保障に関する国務院の暫定規定」「従業員の一般退職、病気退職に関する国務院の暫定方法の規定」を公布した。八三年には、労働人事省が「建国前に労働に参加した従業員の退職待遇に関する通知」を公布した。これらの規定は、現在も、年金を給付するうえでの法的根拠となっている。

受給者の要件

中華人民共和国憲法（一九八二年）第44条（定年制）には、「国家は、法律の規定により、企業・事業体の従業員および国家機関の職員の定年退職制度を実施する。退職者の生活は、国家および社会の保障を受ける」と規定されている。つまり、年金受給者の範囲が、法律によって企業、事業体の従業員と公務員に限定されていた。

中国では、従来の年金受給者を「一般退職」「幹部退職」及び「病気退職」に分けている。

「一般退職（退休）」は次の三つの要件のうちの、いずれか一つに該当する者に適用され、勤続年数に応じて、退職時の給与の六〇〜九〇％相当額が年金として毎月支給される。受給資格の要件は、①一般的に退職年齢が男子六〇歳、女子五五歳で、勤続一〇年以上の者、②強度の肉体労働に従事する者の退職年齢は男子五五歳、女子五〇歳とされ、勤続一〇年以上の者、③病気、事故などで労働能力を喪失していることが医療機関によって証明され、さらにそれを労働鑑定委員会によって認定された者である。

古参高級幹部が高齢によって、通常の職務を継続する事ができなくなった時には、「幹部退職（離休）」制度が適用される。幹部退職者には、退職時の給与額あるいはそれ以上が毎月支給される。

この制度の対象とされるのは、原則として次の三つの要件のうちいずれかに該当するものである。①四九年九月末以前から革命活動に参加した専区（複数以上の県を統括する行政区分）以上の中国共産党の正・副書記、あるいは行政部門の正・副専門官及びそれ以上の役職を経験した者、②四二年九月末以前から、革命活動に参加した県の中国共産党委員会の正・副書記、あるいは正・副県長およびそれ以上の役職を経た者、③三七年七月七日以前から革命活動に参加した全ての幹部である。

「病気退職」とは、退職年齢に達していない従業員が、病気のため労働能力を喪失した際に適用される制度のことである。そのためには、労働能力の完全な喪失を医療機関が証明し、さらに労働鑑定委員会の承認を得ることが必要とされる。

九七年末では、「幹部退職」待遇の者が一八五万三〇〇〇人で、年金受給者全体の五・五％を占め、「一般退職」は三〇七五万九〇〇〇人で、全体の九一・八％、「病気退職」は八九万五〇〇〇人で全体の二・七％を占めている。

「幹部退職」適用者には、本人の退職時点の賃金の一〇〇%に、毎年、生活補助(生活手当や物価手当て)を加えた額が、年金として支払われている。また、福利待遇(たとえば、退職後でも住宅に引き続き居住できる)、いくつかの生活待遇(生活困窮時の援助など)、入浴理髪費、交通費、帰省費、死亡待遇(死亡時の慰霊)費用、直系親族扶養待遇(直系親族への生活補助、教育費の援助など)は、いずれも在職の幹部と同額が支給される。但し、毎年の生活補助金の基準は、革命への参加の経歴によって異なる。

「一般退職」適用者に対しては、五八年の改定により、年金は勤務年数に応じ、定年退職時の基本月額の五〇~七〇%へと統一され、七八年の改定によって、さらに六〇~九〇%に引き上げられた。

具体的には就職時期や勤続年数などによって年金の額は異なる。四五年九月二日以前に就職した退職者には基本給の九〇%が年金として支給される。四五年九月三日~四九年九月三十日の間に就職した退職者には基本給の八〇%の額が支給される。四九年十月一日以降に就職し、勤続年数が満二〇年以上の者は基本給の七五%、勤続年数満一五年以上二〇年未満の者は基本給の七〇%、勤続年数が満一〇年以上一五年未満者は基本給の六〇%が支給される。年金月額が二五元未満の者には二五元が支給される。

労働災害のため労働能力を喪失し、日常生活において介護が必要な「病気退職」者に対しては、基本給月額の九〇%が年金として支給されており、加えて介護費用が、基本給を超えない範囲で支給される。日常生活での介護の必要がない者に対しては基本給の八〇%が支給される。年金月額が三五元未満の場合には三五元を支給する。退職条件を備えていない、すなわち病院から労働能力の喪失を証明されていない者は基本給の四〇%が年金として支給される。

給付と財源

勤続年数の計算は原則として、企業に連続して在職した年数によるが、業務上の必要によって所属機関を異動した場合には、それらを合算する。退職後、従業員が農村に転出する際には、転居費用として、三〇〇元（七八年時点の都市従業員の平均年収の約半分）が支払われる。

改革・開放以来、急速な物価上昇にともない、在職中の基本給を基準とした年金支給額では年金生活者の生活が悪化した。そこで暫定措置として、物価手当として補助金が支給されている。

保険料はすべて企業が負担する。企業が全額負担する年金給付は「現収現付」（企業に保留される利潤から支給する）と呼ばれる財政方式で、一種の賦課方式で運用された。そこでは保険料の積立てはなく、年度ごとに退職者に年金を支払い、後には営業外費用から必要額が支出される。従来の規定では、社会保険事業は、企業など「単位」の労働組合が管理・運営し、支出の方法の違いこそあれ、その財源は企業の会計に依存していた。その結果、年金運営の個別化と、後述のような受給権保有者数の増加によって、操業年数の長い企業を中心に、経営が圧迫され始め、九〇年代になると、年金財政の問題は国有企業度改革における最大の課題となっていく。

旧制度の特徴

旧年金制度は、他国にあまり例を見ない独特の労働者雇用の形式が前提となって構成されており、中国特有の雇用形式を示すのみならず、労働者の生活形態を決定する重要な社会的枠組みともなっている。その特徴をまとめると次のようになる。

①退職年金制度の適用範囲は狭く、正規の国有企業と事業単位の従業員及び国家公務員のみに年金が支給され、農村住民には適用されない。

②年金の財源は、事業主が全額を負担する。企業は、営業外費用から年金を支出する。

③給付額は、本人の勤続年限に応じて、退職時給与月額の六〇～一〇〇%相当額である。

④年金は、一度その額が決定されると、変更されることはない。物価の上昇に伴ない、若干の補助金が給付されるだけである。
⑤財政方式は「現収現付」であり、積立てではなく単年度ごとの会計制度であるため、後年への繰り越し・蓄積はゼロである。
⑥管理方式は企業に任されている。すなわち年金のことは、全て企業の内部で処理される。

改革・開放前、中国の労働者雇用には三つの際立った特徴があった。それは「集団主義」「完全帰属主義」「終身雇用制度」である。

「集団主義」を社会の基本的構成原理としていた中国では、各個人は全て国家の下位集団の構成員として位置づけられ、それが個々人の存在証明ともなっている。その集団とは、具休的には各々の企業、工場、官庁など従業員が所属する「単位」を指し、従業員とその家族の身分は各職場によって保証されている。中国では「単位」に属さない個人は、原則として社会的に存在を認められないと言っても過言ではない。

中国社会は、これら「単位」の網の目によって構成されている。「単位」と呼ばれる一般の職場は生産組織であると共に、いわば「生活共同体」であり、従業員とその家族は、その集団に帰属している。労働者はある「単位」に一旦所属すると、ほとんどの場合、一定の退職年齢に達するまで、そこに在職する。これだけでも「終身雇用」制度が施行されているといえるが、改革前の中国では、それが徹底された形で運用されていた。従業員が退職年齢に達し、生産現場から退いても、「単位」とその労働組合に「籍」は残される。従業員は死を迎えるまで、各々の「単位」の従業員と同等の身分を保持し続け、またその間の生活も「単位」によって保障される。

このように、かつての中国における雇用制度は、正規の従業員の場合、生涯にわたって「単位」に在籍する制度であり、これは「文字通りの終身雇用」と呼んでも差し支えないであろう。年金制度は、このような伝統的な計画経済体制に保障されていた企業単位制度に対応するものであった。七八年以降、経済改革によって、その存在基盤は消えつつある。

国有企業の改革は、中国の改革・開放政策の最後の難関となっており、既得権を維持しようとする層の排除に伴う社会的リスクをはらんでいる。経営合理化のための余剰労働力の削減は、失業問題を激化させる。また、企業の福利厚生負担の軽減は、裏を返せば、老齢年金保険・医療保険・住宅費の個人負担増を意味する。つまり、市場経済化のなかで、旧来の社会保障制度の抜本的な再編が迫られているのである。つぎに、中国における老齢年金保険制度の改革をみてみよう。

2　老齢年金制度のあゆみ

全面的な市場経済化が進むなか、旧来の年金制度は具体的には以下のような点で社会の現実との整合性が欠けるようになった。

まず、各企業の年金支給額は、企業間格差が大きく、企業の経済活動の妨げとなっている。納税制度が全面的に導入され、企業の自主権が拡大されるにつれて、損益自己負担の原理が機能し始め、とくに創業以来の年数の長い企業の収支に、年金が直接圧迫を与え始めた。古い企業では、現役労働者に対する退職労働者の比率が高いからである。

都市における退職者（幹部退職、一般退職、病気退職）の現役に対する比率は、一九七八年では1:30.3、八〇年では1:12.8、八五年では1:7.5だった。これが八六年には1:7.1、八七年には1:6.7、八八年には1:6.4、八九年には1:6.2となり、九〇年には1:6.1、九一年には1:6.0、九二年には1:5.7、九三年には1:5.4、九四年には1:5.1、九五年には1:4.8、九六年には1:4.6となった。そして、九七年には、退職者の総数は三三五一万人となり、在職労働者との比率は1:4.4になった（中国国家統計局編『中国統計年鑑』一九九八年、七九八頁）。

一人の退職者の生活を在職者四・四人でみなければならないわけである。なかでも国有企業の年金負担は急速に重くなってきている。退職者の増加や高齢者の増加は、こうした事態を深刻化させている。競争的な市場システムの導入という条件のもとで、競争に参入する各企業の条件を平等化するためには、年数の長い企業と短い企業の年金負担の格差を縮めることが不可欠である。

次に年金受給者は、原則的には、国有企業の従業員に限られている。これは多様な経営形態（国有企業、集団所有企業、私営企業、個人企業、外資系企業、合資企業など）を認める「社会主義市場経済」を導入した現状にそぐわない。経済体制改革の過程で、都市の無年金者である個人経営業者や外資系企業の従業員が急増し、また解雇や期限付きの雇用を認めた雇用制度改革や企業破産制度の導入により、資本主義システムと同質の「失業者」を生み出す構造が生まれた。この新しい労働者カテゴリーの出現によって、失業保険の制度化や無年金者の早期救済と、多様な経営形態の企業に対応できる統一的な年金制度が、経済体制の改革促進と社会の安定のために必要となっている。

さらに年金支給額決定の基準が合理的ではない。従来の年金制度では、建国後の就労者で二〇年以上の勤続年数があれば、一律に退職時の基本給の七五％が支給される。しかし、これは二重の意味で現状に合わない。一つは、現在の給与には多くの手当やボーナスが含まれ、基本給はそのうちの五四・二％を占めるに過ぎない（一九八九年）。したがって基本給だけを基準とする従来の支給額では極めて低い金額になってしまう。さらに、前述のように勤続一〇年以上から支給が始まり、二〇年以上は一律の基準が適応される平等主義では、従業員のやる気を引き出すことができない。

近年、インフレが進んでいるため、実質的な年金額は低くなっている。とくに退職時期が早い者ほど、現実の生活水準と年金支給額とのギャップが大きい。高齢者に対する最低の年金水準と基本的な生活を保障するために、国家はさまざまな臨時給付を行っているが、まだ有効な年金調整メカニズムはできていない。中国独特の人口政策である「一人っ子政策」は、人口の高齢化を加速して、社会保障の負担を大きくしている。年金制度の改革とその確立が、その政策成功の必要条件として焦眉の課題となっている。

中国の人口高齢化の特徴としてあげられるのは、第一に高齢人口の規模が巨大である点である。六五歳以上の高齢人口は、九五年の七六〇〇万から二〇五〇年の三億に上昇すると予測され、二一世紀中葉には超高齢化時代に突入すると予測されている。

第二に高齢化の特徴として、高齢人口比率の上昇速度が高いことがあげられる。国連によると、高齢化社会というのは、六五歳人口が総人口に占める割合が七％を超えた社会である。中国は二〇〇〇年に七％、二〇三〇年に一四％に到達すると予測され、三〇年で高齢人口比率が倍増することになる。

厚生省人口問題研究所の人口統計資料（一九九二年）によると、先進国の六五歳以上の人口割合が七％から一四％に達する所要年数（予測を含む）は、アメリカが六五年間（一九四五年に七％、二〇一〇年に一四％）、ドイツが四五年間（一九三〇年に七％、一九七五年に一四％）、スウェーデンが八五年間（一八九〇年に七％、一九七五年に一四%)、イギリスが四五年間(一九三〇年に七%、一九七五年に一四%)、イタリアが五五年間(一九三五年に七%、一九九〇年に一四%)、フランスが一一五年間(一八六五年に七%、一九八〇年に一四%)、オーストラリアが七五年間(一九九四年に七%、二〇一五年に一四%)、日本が二五年間(一九七〇年に七%、一九九五年に一四%)である。

フランスやスウェーデンが長期間に倍増したのに対して、中国は日本の二五年に次いで、短期間に超高齢化社会に入ることがわかる。

第三の特徴は、地域毎の高齢人口比率の著しい格差である。中国の地域別の高齢化状況についてみると、日本の人口高齢化が農村部からはじまったのに対して、中国では、農村から都市への人口移動の制限と出生抑制政策という中国特有の人口政策により、都市部が農村部に先んじている。人口の高齢化は中国経済に重大な影響を与えるものと思われる。さらに、高齢人口が急速に増加する中で、定年による退職人口も増大している。

インフレと早期退職者(市場経済体制への転換のため)が増加したことによって、老齢年金の給付額は急速に増大している。七八年には、一七億三〇〇〇万元であったが、八〇年は五〇億四〇〇〇万元、八五年は一四九億八〇〇〇万元、八六年は一九四億七〇〇〇万元、八七年は二三八億四〇〇〇万元、八八年は三二〇億六〇〇〇万元、八九年は三八二億六〇〇〇万元に増大した。この急速な増加は企業並びに国家に、より大きな負担を与えることになった。

こうして、八〇年代末には、従来の年金制度は二つの大きな問題に直面した。すなわち、国有企業の従業員の年金危機問題と急速な人口の高齢化がもたらす老後保障の問題である。この給付額はさらに増加し、九〇年には四七二億四〇〇〇万元、九一年には五六二億元と増えつづけ、九二年には六九五億二〇〇〇万元、九三年には九一三億七〇〇〇万元、九四年には一二一八億九〇〇〇万元、九五年には一五四一億八〇〇〇万元、九六年には一八一七億八〇〇〇万元となり、九七年には二〇六八億三〇〇〇万元に達している。（中国国家統計局編『中国統計年鑑』一九九八年、七九七頁）

八四年〜九一年の改革

老齢年金保険制度の改革が始まったのは八四年である。社会保障制度の構築を目指した「第七次五カ年年計画」期における改革は、年金の財政運営の統一計画（社会化）の復活と年金財政方式における積立方式の導入であった。すなわち企業ごとの運営に代わって、地域ごとに統一的な保険基金をつくり、そこから保険金を支給するシステムの導入である。八四年頃から、江蘇省泰州市、広東省東莞市、同省江門市、遼寧省黒山県など一部の地域において、老齢年金保険の第一段階の社会化が着手された。

八六年、国営企業において労働契約制度を実施すると同時に、契約制の従業員のために積立式の老齢年金保険制度を設けた。九〇年代の「第八次五カ年計画」期以降の改革方針は九一年六月二十六日に公布された「国務院の企業従業員老齢年金保険制度の改革に関する決定」文書に示されている。年金制度を国、企業、個人の三者によって支えること、及び保険料の個人負担制度の新規導入を盛り込んだ改革法案が提示された。

この法案は、年金制度の複合化、すなわち老後保障方式を三本立て（基礎年金、企業年金、貯蓄型個人年金）にしている。ただし、基礎年金は、依然として賃金の一定の割合を基準として支給される。

九一年〜九五年の改革

九五年三月一日に公布された「国務院の企業従業員老齢年金保険制度改革の進化に関する通知」及び「企業従業員の基本老齢年金保険社会プールと個人口座の相

互結合実施方法1」と「企業従業員基本老齢年金保険社会プールと個人口座の相互結合実施方法2」により、中国の年金改革はさらに一段と進展、年金制度の社会プールと個人口座の相互結合の原則が次のように確定した。

社会プールと個人口座の結合の実施方法の概要

保険料の負担

方法1　個人負担分は本人の前年度平均月給（賃金はボーナス・特別手当て・補助金などを含む）の約三%。以後二年ごとに一%引き上げ、最終的に約八%を負担。すでに退職している人の個人負担はなし。企業負担分は従業員賃金総額の一定割合。負担比率は徐々に軽減。

方法2　個人負担分は各地方政府が規定した割合により負担。賃金の上昇に合わせ、負担割合を増加。既に退職している人の個人負担はなし。企業負担分は各地方政府が規定した割合により負担。

個人口座の内容

方法1　振込額の内訳（振込合計額は賃金の一六%程度を目安）は、①個人が負担した保険料全額（当初は本人賃金の約三%）、②企業が負担した保険料のうち、本人賃金の一定割合に相当する額（当初は本人賃金の約八%）、③企業が負担した保険料のうち、地区平均賃金の約五%に相当する額。利息は定期預金利率と前年度平均賃金上昇率を基に決められる「老齢年金基金保値率」を適用。

方法2　振込額の内訳は、①個人が負担した保険料全額あるいは一部分、②企業が負担した保険料の一部分（本人の賃金が地区平均を一定割合上回る場合のみ）。利息は老齢年金基金の運用実績を基に決定。

基本老齢年金の支給

方法1　個人口座積立金より月基本老齢年金を支給。制度実施後に就業し法定退職年齢で退職した場合は、基本養老年金月額＝個人口座積立額÷120

方法2　個人口座積立金と社会プール基金より以下の三つの老齢年金を支給。保険料払込みが一〇年以上の場合、①「社会性老齢年金」は地区平均賃金の二〇〜二五％、②「納付性老齢年金」は本人賃金を基に算出、③「個人口座老齢年金」は個人口座積立金より一括受け取りまたは毎月の受取が可能。（「国務院の企業従業員の老齢年金保険制度改革の深化に関する通知」の附件一・二）

この段階では、社会プールと個人口座の結合に関し、二つの方法を提示している。九二年以後の改革のなかで、深圳・上海・寧波での経験をもとに方法1が、広東省での経験をもとに方法2がそれぞれ提示された（方法1は国家経済体制改革委員会、方法2は労働省の立案といわれる）。その後、各地域はこれらをモデルとし、それぞれの状況、条件に応じ、修正、調整を行った。支給額については当面、地域ごとに毎年七月一日に、前年度の平均賃金上昇率の四〇〜八〇％の範囲で調整することが可能となった。ただし、社会プールと個人口座の結合の原則は変更しないという点が大前提となっている。

九五年〜九八年の改革

九七年七月十六日、国務院は、ここ数年の改革試行モデルケースでの経験を総括したうえで、「企業の従業員の統一基本老齢年金保険制度を確立することに関する国務院決定」を公布した。この決定の内容は次の通りである。

第一に、雇用部門と従業員は毎月一定の割合（企業は企業の給与総額の二〇%、個人は本人の収入の八%）で老齢年金保険料を納付する。第二に、社会保険機構は一人一人の従業員のために老齢年金保険口座をつくる。第三に、従業員各個人が納めた額は、すべて個人の保険口座に記入し、企業の納入部分は一定の割合（一般に三%から八%）で記入、両者を合わせ、毎月従業員個人の保険口座に記入されるのは従業員の月収の一一%とする。第四に、従業員の退職後老齢年金は二つの部分に分けて支給される。一つは基礎老齢年金として従業員の退職時のその地域の従業員の平均的月収の二〇%を支給する。合わせて個人口座に記載された退職までの累計貯蓄額の一二〇分の一が支給される。

制度の改革前に口座をつくっていなかった従業員の継続年数については過渡的な老齢年金を支給する方法がとられ、全く同じ条件の者のうち遅く退職した人と早期退職した人を比べて、後から退職した人の受け取る金額が早期に退職者した人より少なくならないことを保証する。

九八年三月、国務院に全国の労働と社会保障を担当する労働・社会保障省が新設され、社会保障制度の総合的管理が始まった。こうして、中国の国情を踏まえた老齢年金保険年金体制が作り上げられた。

新制度導入後の状況と対策

九八年一月から三月の時点で、全国で老齢年金の支給における延滞額は四六億八〇〇〇万元、人数は二八三万人に上っている。それに対して新設された労働・社会保障省は次のような対策を実施している。

まず、老齢年金の遅配について、中央政府の規定により九八年六月以後の老齢年金支給の遅配を禁止し、六月以前の遅配分についても逐次支給をする。そのためには、九八年末までに、すべての老齢年金保険の省レベルでの社会プール化を実施しなければならない。全国レベルでの社会プール化については二〇〇〇年末までに実現させるとされている。これまでに全国三一の省・市・自治区のうち一四の省レベルで社会プールが実行されている。

次に、業種別の老齢年金保険を地方政府に移す。これまで銀行、鉄道、石炭、郵便など一五の業種では、それぞれ独自の老齢年金制度を持っており、累積余剰金は一二〇億元にのぼっていた。九八年八月末、一五の業種部門は、老齢年金保険を労働・社会保障省から地方政府に移すことで合意した。これは地方の老齢年金基金の危機を緩和することを狙ったものである。

また、企業の所有制別の老齢年金保険への参加割合は、国有企業は九六%、集団企業は五三%、その他（外資系企業と私営企業）は三一%である。老齢年金保険基金の調整力を高めるためには、より多くの非国有企業を老齢年金保険に参加させことが有効である。そのため、現在、全ての企業に適応できる「社会保険基金徴収条例」の制定に向けて検討がなされているところである。広州市では、「広州市私営企業と個人商工業従事者の基本老齢年金保険実施方法」を定めて、九八年七月一日より実施している。

さらに、基金の安全を保つため、基金の管理を強化する。これまで九二億元の基金が各地の政府機関によって、本来の目的外に乱用されてきた。そのため、労働・社会保障省は、つぎの二つの対策を強調している。第一に、全ての基金を財政専門口座に入れ、収入・支出ごとに管理を行う。二カ月間の支払額に相当する額以外は、国債の購入に当てるか専門口座に預け入れる以外の運用は認めない。第二に、社会保険機構の垂直的管理を実施し、人事管理を通して基金をコントロールする。

3　統一基本老齢年金保険制度

九七年七月十六日に公布された「企業従業員の統一基本老齢年金保険制度を確立することに関する国務院の決定」によると、中国の年金制度は次のように概括することができる。

まず、今世紀末までに基本的に社会主義市場経済体制を打ち立てるために、それに相応して、都市部の各種企業従業員と個人経営者のための老齢年金保険システムを樹立する。そのため、資金のルートや保障の方法の多様化と社会プールと個人口座が相互に結び付き、権利と義務が対応し、管理サービスを社会化する。各級の人民政府には、社会保険事業をその地方の経済と社会発展の計画に組み入れ、基本老齢年金保険は退職者の基本的な生活を保障するという原則に基づいて、企業の従業員の老齢年金保険制度の改革と多次元的な社会保障システムとを緊密に結合させることが求められる。

また、定年退職者の基本老齢年金と失業者の失業救済金の支給を確保し、都市住民の最低生活保障制度を積極的に推し進める。さらに、定年退職者の生活を経済と社会の発展に伴って絶えず改善し、労働に応じた報酬の原則と地域の発展水準及び企業収益の格差を反映した制度化のために、各地区と関連部門は企業の補充老齢年金保険、貯蓄型の個人老齢年金保険を大いに発展させ、同時に商業保険の補充的役割を発揮させていく必要もある。

財源については、国家、企業、個人の三者がともに負担する。国家の負担部分は、保険料の減免、統一管理費用及び保険基金が困難に遭った時の救済となっている。企業が納入する基本老齢年金保険料（以下は企業納入と略称）の割合は、一般的に企業の給与総額の二〇％（個人口座に繰り入れた部分を含む）を超えない範囲で、具体的な割合は省、市、自治区の人民政府によって確定する。

定年退職者の数が多く、老齢年金保険の負担が企業の給与総額の二〇％を超過する場合は、各級政府の労働部に報告するとともに、財政部の審査を受けねばならない。個人で納入する基本老齢年金保険料（以後個人納入と略称）の割合は、九七年の時点では個人の収入の四％より下回ることはできない。九八年より二年ごとに一ポイント引き上げ、最終的には、個人の納入は八％にする。条件の整った地域及び給与引き上げ幅の大きい年度においては、それに応じて個人納入率の引き上げ速度も高めなければならない。

社会プールと個人口座との結合方式による老齢年金保険制度においては、従業員とその企業とが負担すべき保険料を強制的に徴収する。その一部は社会プールによる再配分の機能をもたせる。残る部分は個人口座に記入して、個人の老齢年金基金の給付に当てられる。個人負担分を含めて、給与の一一％の定額に基づいて従業員のために基本老齢年金保険個人口座を開設し、個人納入分は全て個人口座に記入し、その他の部分は企業納入分の中から繰り入れる。個人納入分の割合が上がるにつれて、企業の繰り入れる部分は徐々に三％まで引き下げる。個人口座の残高に対しては毎年、銀行の同期預金利率を参考にして利息を計算する。

個人口座の預金は、本人の老後の生活保障にのみ使用し、事前に引き出すことはできない。従業員が転職する時には、個人口座は全額移管される。従業員の死亡時には、個人口座のうち個人納入分は相続人が継承する。

基金の管理

基本老齢年金保険基金は省レベルの社会保険部門によって管理される。指定費目は指定通りに、全て従業員の老齢年金保険に使用し、私用や他の用途への流用、浪費は厳禁されている。二カ月分の支出分に相当する資金の他は、全て国債の購入、又は専門口座への預け入れに充てられる。その外の金融商品や営利企業へ投資することは厳禁される。

九七年公布の「企業従業員の統一基本老齢年金保険制度を確立することに関する国務院決定」によって導入された新しい制度は、旧制度と比較すると、次のような相違点がある。

①適用範囲は改革前(国営企業の年金制度)には国有企業の従業員だったが、改革後(老齢年金保険制度)は各種従業員及び個人経営者に広がった。

②財源は事業主全額負担だったのが、国家・企業・個人負担になった。給付基準は退職時の基本賃金の六〇%~一〇〇%だったのが、前年度地域の平均月給×0.2+個人口座の全額÷120になった。

③財政方式は賦課方式だったのが、積立方式+賦課方式になった。

④管理方式は企業年金だったのが、社会保険年金(社会統一拠出、支給)になった。

本規定の実施後、基本老齢年金を支給されるのは、個人の納入期間の累計が一五年を超える者である。年金は基礎老齢年金と個人口座の老齢年金とにより構成される。

退職時の基礎老齢年金の毎月の支給額の基準は、省、市、自治区、あるいは当該地域の前年度の従業員の平均月給の二〇%である。個人口座の老齢年金の支給月額基準は本人口座の残高の一二〇分の一である。

個人の納入した期間の累計が一五年に満たない者は、退職後に基礎老齢年金の待遇を受けられず、その個人口座の残高が一括して本人に支払われる。本規定の実施前に、既に退職した者には、国の従来の規定に従って老齢年金を支給し、同時に老齢年金支給額の調節を行う。

本規定の実施前に就職、実施後に定年退職し、かつ個人納入分およびそれに相当する納入年数の累計が一五年を満たすと見なされる者は、新旧方法の円滑な移行や待遇の水準の均衡をはかるために、基礎老齢年金と個人口座老齢年金に加えて過渡的な老齢年金を計算する。この過渡的な老齢年金は老齢年金保険基金の中から支出される。具体的実施方法については、各級政府の労働部門が関連部門と共同で制定し、実施を指導する。

老齢年金保険の範囲は都市のあらゆる企業の従業員まで拡大する。都市の個人経営者、郷鎮企業の従業員についても、基本老齢年金制度を逐次実施していく。

4　中国型の年金制度の特徴

ここまで中国の年金制度の歴史的な展開と現行制度の枠組を概観してきた。このような制度的発展を現実に定着させる努力は、今始まったばかりであり、そこには多大な困難が待ち受けている。中国の年金制度の現状と問題点をみるには、その背景をなす中国社会の特質にも留意しなければならない。

中国の年金制度の成立や展開は、制度そのものを切り離して分析・評価するのではなく、その背後にある経済システムとの相互依存的かつダイナミックな関係に着目し、一体として考察すべきである。社会主義市場経済体制の確立を目指して改革・開放が最終局面を迎え、すでに述べたように、根本的な改革が行われている。社会主義市場経済体制は「共同富裕」を達成するため社会保障制度を社会分配の柱とするものと位置付けられている。中国特有の社会主義の「平等理念」と市場経済の「効率性」との整合性を年金制度のなかでいかに確保し、実現するかということがもっとも重要な課題である。

世界の総人口の五分の一にあたる人口を抱えている人口超大国の中国は、一人っ子政策の採用によって、世界的に見てもかなり短い期間で高齢化が急速に進んでいる。将来の高齢化のピークに対応するために、年金基金を、一部の西欧国家のように「租税による賦課方式」型を採用するのではなく、一部分を将来のために留保する拠出型基金を持つことが選択されている。

発展途上にある中国では、都市と農村、沿岸部と内陸部の間に、発展水準や生活水準の大きな格差がある。その格差は社会保障制度を充実させることによって縮小して行くべきだが、少なくとも短期間では実現できない。また、中国経済の構成は多様、複雑であり、急速に変化している。国民経済において、国有セクターの比率が低下しつつある一方で、非国有セクターの比率が増加しつつある。就業人口の構成において、従来の国有企業の従業員、公務員、農民のほかに、個人経営者、郷鎮企業の従業員、都市に出稼ぎしている都市戸籍を持たない就業者などの人口が急速に増加している。このような多様かつ変化の著しい経済状況に、年金制度はなかなか追いついていけない。

世界初の試み

旧制度からの根本的な変化は、個人負担の導入にある。個人負担が導入された理由について、政府は「公民の権利と義務の対等原則を体現し、高齢者扶養に対する個人の参画意識を高めるためである」と述べている。企業と個人がともに分担する老齢年金保険システムの導入は、財源が多岐にわたり、基金の水準と規模を高めることができるので、政府の立場から見れば、急速な人口老齢化への対応策として有効な方法である。

しかし、老齢年金保険制度と並行して実施される医療保険と住宅積立基金制度も、個人の負担部分を含むように改められたため、従来の個人負担なしの給付方式に慣れてきた人々は、その制度と比べてどの程度の保障を受け取ることができるのか、新しい制度に疑念を抱いている。その結果、納入を拒否する人が大勢出てくる可能性も否定できない。「中国の美徳であった社会主義制度の優越性はもうなくなってしまった」と嘆く声もあがっている。その不信感を解消するためには、個人負担の引き上げに応じた賃金水準の引き上げが必要とされている。

これまで中国では一種の「賦課方式」がとられてきた。だが、この方法では従業員の負担が大きすぎるという問題がある。とくに経済体制転換の最中にある中国では、年金支給が不安定な状態におかれることになる。さらに、中国の退職者数が逐次増加していく現状はすでに明白であるため、賦課方式を採用すれば、徴収額の比率増加という結論が出されることは疑いのないことである。この結果、企業の負担が重くなり過ぎ、改革の妨げとなる可能性も存在している。

完全積立方式は、中国の国情に合わない点が指摘されている。第一に、高度経済成長期の中国にとってインフレの問題を避けて通ることは不可能である。それだけではなく、従業員の賃金水準と消費水準の上昇も速く、退職前に積立てた基金は退職時の物価上昇分に対応できない。第二に、増加しつつある退職者には対応できない。第三に、完全積立方式では社会的相互扶助が機能しないため、保険の網から洩れる人が増大する。退職まで順調に充分な保険金を積み立てることができない人々、保険料滞納者、未届け者、未加入者が存在することになり、カバー率が低下する。したがって、中国では、両者の中間方式である部分積立方式と部分賦課方式を採用することになった。この制度は中国独自の制度で、世界でも初めての試みである。

この方式の中で、中国の老齢年金制度には、貯蓄、保険、所得再分配の機能が一体化された。まず、社会プール年金は、定額保険料で定額の給付をうけるので、所得再分配の機能を持っている。年代・地区・企業・個人の間には格差がある。それらは経済発展、人口年齢構造、賃金の格差によって生み出されものであるが、政府は、その格差の問題を解決し、退職者の基本的な生活を保障することを目指している。とくに、退職者を多く抱える古い企業や赤字企業にとっては、年金を受給できないという事態を解消する役割を果たす。さらに、社会プールへの参加は、企業や在職者の老齢年金支出の過重な負担を軽減させる。そのため老齢年金保険制度は全国で促進されている。

しかし、こうした統一拠出、支給によって恩恵をこうむる企業がある一方、在職者が多く、退職者費用負担がもともと小さかった企業もある。こうした企業は負担増を嫌って加入を渋る。統一拠出への加入数が減少する地域も出ている。こうした企業間の利害の衝突だけでなく、省レベルの統一拠出の実施過程で、地域間経済格差や地方財政力の相違を背景とした区・県間の相克がすでに現われている。

さらに中国の老齢年金制度は、個人口座の個人部分の完全積立方式の導入によって、貯蓄、保険機能を補い、同時に従業員個人の参画意識を高めている。しかし、その積立基金と全体の基金の比率をどの程度にするかは、老齢年金保険制度の安定性を左右する問題となる。

多層的な年金制度

中国の年金システムは、基本老齢年金保険、企業補充年金保険および個人貯蓄形年金保険からなる多層的なシステムを目指している。九七年末、全国で基本老齢年金保険に加入している従業員は八七七〇万人で、従業員総数の七九%を占める。また、企業補充年金保険に加入している従業員は一六八万人で、さらに、個人貯蓄年金保険に加入している従業員は七五万人である。

すでに述べたように、基本老齢年金保険制度は強制加入によって実施されているが、企業補充年金保険制度（中国の企業補充年金は、外国の「企業年金」のこと）は企業が自主的に実施する非強制的または半強制的な制度である。

「半強制的企業補充年金制度」とは、企業が一定の利益指標に達した後、従業員のために補充老齢年金保険に加入しなければならない制度である。この補充年金保険は基本老齢年金保険と違って、自由に選択できるいくつかの保険料ランクが設けられている。その財源は、従業員全体の賃金水準が依然として低いため、主に企業主の単独拠出でまかなう方法がとられている。したがって、その受給者資格は一般的に勤続年数一〇年以上という制限が加えられている。これは企業の人材吸収や従業員の資質の向上などの手段であると言われている。

個人貯蓄年金保険制度は、個人が本人の収入状況によって自主的に参加する年金保険制度である。その政策の制定、保険料の徴収、管理はすべて、当該地域の社会保険部門によって行われる。保険部門は、個人貯蓄年金に加入した者に、個人口座を設け、指定銀行に預金する。その利子率は普通預金を下回ることはなく、普通貯金より高く設定される。個人は定年になると、元金と利子を一括して受け取るか、あるいは、分割して支払いを受けることができる。

5 世界的潮流の中で

現在、世界中で年金制度をめぐる論議が活発に行なわれている。各方面から提示されているさまざまな改革案のなかで、とくに目を引くのは世界銀行の年金改革案である。その内容は、公的年金を基礎的な定額部分にとどめ、そのほかの部分を企業年金や個人年金に委ねる、というものである。この年金の民営化は、いま世界の専門家の間で激しい論争を呼び、現実に導入の是非を問う段階にある。この国際的な傾向と、民営化に関する国際機関の論争を見たうえで、中国の改革をみていきたい。

世銀案は三階建ての年金となっている。一階部分は税方式による一律定額の基礎年金である。二階部分は、強制的な積立て貯蓄で、掛金建ての個人別勘定を設け、各人の掛金の元利合計を原資として、年金を支払う。資金の運用は民間の機関に委ね、複数の運用機関が競争する。掛金は給料の一定割合とする。三階部分は、任意の私的年金で、奨励のため税制上で優遇する。

世銀の年金改革案は、八一年にチリが行った年金改革をモデルにしているといわれている。チリの年金改革は、それまでの賦課方式で給付建ての制度から、積立方式かつ掛金建てで、個人勘定を設けた民営年金への移行を図ったものである。これまでの結果では成功と評価され、南米諸国のなかには、これに倣う国も増えてきた。さらに、東欧の旧社会主義国でも、世銀の改革案を採用する方向にある。世銀は、IMF（国際通貨基金）と組んで、発展途上国や市場経済体制に移行しつつある国へ、この案の導入を図っている。

もともと発展途上国を対象に立案した年金改革プログラムを先進国にも適用すべきである、と世銀が言い出したあたりから、年金に関する論争が激化した。社会保障の本家を自任するILO（国際労働機構）、ISSA（国際社会保障協会）は、世銀案を「危険な策略」として激しく批判した。世銀案のうち一階部分と三階部分は先進国にも例があり、議論の焦点は二階部分にある。年金方式を在来の国営・給付建て・世代間扶養の方法か、それとも民営・掛金建て・積立貯蓄の形にするか、である。

在来の公的年金に対する世銀側の批判はこうである。現行の仕組みのままでは加速する高齢化に対応しきれない。財政が逼迫すると、給付削減が行われかねない政治的リスクがある。賦課方式では、当初の加入世代が得し、あとの世代が不利益を被るという不公平を生じる。現行の給付建ては早期引退を促進する。賦課方式が完全化すると、完全積立の計算によればＧＮＰの一〇〇％から二〇〇％の未積立債務を抱え、その負債はあとの世代に繰り越されていく。

世銀によれば、世銀の年金改革案では、これらの問題が解決されることになる。各個人の掛金の元利が給付に当てられるため、完全な公平が実現できる。仕組みは透明であり、給付建てのように、突然の給付削減といった危険が起こる可能性はない。掛金の元利が給付に当てられるのであれば、高齢化や引退年齢とは無関係に、年金額を保障することができることになる。さらに、もっとも重要な点は、多額の積立金が形成されるために、運用のしかたによっては、経済の高度成長に役立つ可能性をもっていることである。

世銀案に対する批判

ＩＬＯ・ＩＳＳＡは、この世銀案に反論して、市場収益率の変動等に伴う給付の不確実性、年金の積立金が資本市場で有効に吸収されない可能性、インフレリスク、民間年金における管理費の高さや規制の欠如の可能性、低賃金労働者について政府の最低保障がなされなかったり給付の不充分性が生じる可能性、賦課方式から積立方式への移行に際して生じる「二重負担」などの問題を指摘している。また、ケンブリッジ大学のＡ・サインは、チリでは加入者の拠出金未納率が高く、加入すべき者のうち四割の人が脱落していること、管理費用の高さなどの問題も出ているうえに、年金積立金と資本市場の発達および経済成長との結びつきにも疑問があると指摘している。

いずれの反論からも共通して引き出される結論の一つは、公的年金の財政、運営方式の選択に際しては、制度の普遍性、就労期と引退期で生活水準に大きな格差が出るのを防ぐなど、年金の理念、役割に適した方式を選ぶことが基本となるということであろう。

世銀案への各国の対応

世銀案は、世代間の扶養を公的年金で確立した先進国には向かないといえる。ドイツはこの案を明確に拒否した。アメリカでは国内で議論はあるが、実際に動く気配はない。日本では政府関係のいくつかの研究会で取り上げられているが、年金審議会からは公的年金の民営化の方向は打ち出されていない。

世銀案の代表例とされるチリでは、八一年の発足以来、基金の運用は平均で年率一一・二%の実利率（インフレによる減価を除く）で成功と評価されてきた。近年は不況のため、九八年には一三%の減価で、政府は退職を延ばすよう進めている。

チリに倣ったアルゼンチンでは、九四年の発足後の五〇カ月の掛け金総額一三七億アルゼンチン・ドルのうち、四〇億ドルが販売と管理の経費に使われ、貯蓄として積立てられたのは九七億ドルであった。この額は九八年六月現在の積立金額の九七億ドルと同額で、過去一年間に資産は一三%の損失を被っている。

公的年金の民営化は、先進国ではイギリスだけである。結果は、若い世代に有利な仕組みから生じた逆選択のために、国の側に約五〇億ドルの損失を招いた。

旧社会主義国も事情は似ている。社会の激変や経済の破綻を経験し、国民は政治への信頼を失っている。税金や社会保険料の不払いは多い。以前はすべてが国営で、年金も医療も国から給付されるのが当然と思い込んでいた人々に、一転して西欧流の労使拠出の社会保険を行うといっても、理解されることはむずかしい。個人別の貯蓄（ただし、実質価値を保障したもの。たとえばチリでは、額面が物価にスライドする指数国債を出している）ならば、その分が自分の財産として区別されるため、人々も納得させることができると考えられる。

チェコは公的年金に上乗せすることで対応しており、公的年金には個人拠出がある。上乗せの私的年金は基金に払い込む。基金は商法に準拠して設立された会社が管理、運用する。加入は任意である。掛け金は、個人分も企業分も、税制の特典はない代わりに、国から補助金が出る。補助金は、各人の掛金額に応じて逓減（掛金の四〇％から二四％迄で上限がある）する。

この制度がどの程度利用されるか見通しは定かではない。理由の一つは、企業の民営化が遅れているため、といわれる。

中国の場合は、すでにみたように世銀案を参考にし、三階建て老齢年金制度を実行する方向にあるといえる。

一階部分は政府の基本老齢年金保険で、税方式で強制徴収する。基本老齢年金保険によって支給される年金の支給額は、労働者の平均賃金の二五％相当額である。

二階部分は企業を対象とした強制的な積立て保険で、掛金建ての個人別勘定を設け、各人の掛金の元利合計を財源に年金を支払う。企業は、労働者の賃金の一一％に相当する額を強制的に積立てなければならないが、一一％以上積み立てた場合、その超過分については企業は税制の優遇措置を受けられる。年金の支給額は企業の経営による格差がある。

三階は任意的な個人貯蓄制私的年金である。これを奨励するため、加入者には税制上の優遇措置が講じられる。

資金の運用は、民間の機関に委ね、複数の運用機関が競争する。しかし、現在、社会プールと個人口座の結合した制度を実行したばかりであり、三階建て制度への転換を実現することはむずかしいと思われる。転換が失敗した場合、人々の不安心理と社会の不安定化を招く恐れがあり、慎重な対処が求められる。

現在のところ、中国はシンガポール方式を採用しており、本人の掛金は個人別の貯蓄勘定になる。従来の国家保障的年金は個人負担なしの恩給式だが、個人別勘定が増加した場合、将来的には、増加分は国からの年金を削減する。

シンガポールとの比較

中国の老齢年金保険制度は、シンガポールの中央公積金(Central Provident Fund, CPF)の考え方を基礎にして確立した中国独自の制度と言われる。シンガポールの制度を見ながら、中国の制度と比較してみたい。

まず、シンガポールの場合は、労働者と雇用主は毎月、労働者の全賃金の一定比率を強制的に積み立てなければならず、これが社会保障の財源に当たられる。納入時には個人の名前をすべて記入し、その個人の保障費の多様な使い分けが可能となっている。中国も個人口座をつくっているが、個人の納入比率は企業より低く、また、個人口座に記入した部分は年金としてしか使えない。

次に、シンガポールでは、全国民の保険料の徴収・運営・支給は、すべて中央積立基金委員会が担当している。中国の方は、保険料の統一拠出、保険金の支給のレベルがまだ低く、全国統一の基金の管理や使用が行われるところまで到達していない。つまり、全国をカバーする有効な管理、運営部門はまだ存在していない。

また、積立金は「年寄りの扶養」「病気の診察」「住宅の購入」「家族扶養」などシンガポール市民にとっての難題をおおむね解決できるようになっている。シンガポールの積立金は、すべて中央積立基金に納入されるようになっている。法令の規定によると、積立金残高の大部分は、国債の購入に使われる。

中国では、社会保障制度の改革はまだ発足の段階で、老齢年金、医療、労災、失業などの社会保険のすべてを統合するに至っていない。シンガポールのように、社会保障基金を統一拠出、統一支給するまでには、かなりの時間がかかるだろう。

最後に、シンガポールの積立基金制度は、大量の財政支出を節約しながら、消費の膨張を抑制し、社会的な蓄積を増やし、国家の経済的な実力の増強、企業間の平等な競争の展開、労働者の生産意欲を刺激するという面では、適合的な制度である。しかし、問題もある。たとえば、中央積立基金制度による徴収率が高いため、生産コストの上昇を招き、シンガポールの国際的な競争力を低下させるおそれがある。また、加入者の中には、長期的に公平な利益を得ることができるかどうか、疑念を抱く者もある。

6　中国年金改革の課題

中国は、一〇年あまりの改革を通して、初歩的ではあるが、新しい社会保障体制の枠組を作り出し、ある程度の経験を積み重ねることができた。だが、さらにもう一歩進んだ改革を行うための問題と障害は、依然として存在する。改革の進展にともない、その中でもっとも解決しにくい問題が、ますます表面化し、深刻になると思われる。主な課題を次にあげる。

年金財政の安定

中国の現状から見て、将来的に年金基金が破綻する可能性がある。社会的安定を維持する圧力は次第に増大していく。前に述べたように今までの年金制度は積立てではなかった。そのため、すでに退職している巨大な規模の退職者の年金は全て社会プール基金から支給されている。また改革のスピードを上げ、労働生産性を向上させるために、企業と政府機関の人員整理を行い、相当数の人々を転職させなければならないという課題がある。

これらの人々は転職のあいだに失業者となることが多い。彼らは元の企業からは離れてしまうため、老齢年金保険料の負担主がいなくなり、社会保険基金の負担になる。さらに、その失業期間の長さが、老齢年金保険料の納入期間、納入額、退職後の年金額と関わっているため、老齢年金保険基金を正常に運営していくうえで障害となる。

失業者のなかには、定年退職年齢に到達していないにもかかわらず、そのまま早期引退をした人々もいる。これも、社会の不安と社会保険の負担を増大させることにつながりかねない。現在、全国で年金保険基金が赤字になった地区が増加している。

現在、人々の年金に関する義務意識は極めて低く、基本的に保険料を支払うという考えを持っていない。社会保険を受けることと、彼らの社会に対する貢献とは無関係と考え、保守的な習慣を守り続けてきた。現在の社会保険制度改革のもっとも大きな障害は、人々の権利意識の増大であろう。彼らはそれまでの行き過ぎた社会保険を当然と考え、逆に、個人が保険料を支払うのは異常だと思っている人々も多い。

企業についても同じ問題がある。企業の経営者は、老齢年金保険制度に関する認識を欠いており、保険意識が低い。さらに彼らは遵法観念が高くなく、従業員のために老齢年金保険料を納入する責任感が薄く、保険料の納入を渋り、あるいは納入しないこともしばしばである。

このほかに、各地域の改革の進み方と方法が統一されていないことも、人々の心理に不安を与える要素の一つをなしている。そこで、各地での啓発活動を強化することが必要である。

各地方では老齢年金保険料の納付を遅延している企業に対して懲罰を与える法律上の根拠がなく、各地方・各部門が定めている規則は相互に矛盾し、衝突している。このため、統一された法規による拘束と規制の実行が不可能となっている。

各地で法制度の整備

法制度の整備は目下進められているところである。それと同時に、各地で状況に応じながら進められている老齢年金保険制度の改革が、より完成度の高いものに近づくに従い、次の段階として、全国的に適用される「社会保険法」の制定がスケジュールに上ることになろう。

老齢年金保険基金の運営・管理については、基金の目的外使用や貨幣価値の変動に対して、基金の実質的水準をいかに保っていくか、また基金の資産運用をどのように行なうかなどの重要な問題がある。

労働・社会保障省は、各級の社会保険受託機構が、各級人民代表大会に定期的に報告する制度を確立し、老齢年金保険に参加する企業と個人にたいして、執行状況と基金の使用・運用状況を公開することを求めている。これによって、制度の透明度を高め、立法機関・政府主管機関・政府主管部門・一般大衆の監督を受けることが可能になるという。

現在、基金は、地方政府の管理のもとで銀行預金によって運用されている部分が大きいが、インフレによる目減りを予防するために、老齢年金保険基金の二カ月分の支払費用に相当する部分以外は、国債の購入と専門口座へ預金することが規定されている。しかし、銀行預金の利率の低下とインフレ率の上昇により、年金基金は安定性を失いつつある。基金を安定させ、さらに増加させるためには、資金運用上、他の方法も考えなければならない。

基本老齢年金保険を国家レベルで統一的に管理運営することは、世界中の多くの国では通常の方法であり、中国にとっても改革の目標と見なすことができる。しかし現在、市・省レベルの管理機構はすでに運営を開始しているが、国家レベルの管理、運営を進めることは、容易ではない。

その原因の一つは、中国の経済発展の地域的不均衡と、従業員の年齢構造の違いである。老齢年金の給付基準は全体の賃金水準と連動する。したがって、年齢構造が若く、経済発展が速く、扶養負担が重くない地域は、自分たちが納入した基金が負担の重い地域に移転することを嫌って、より高いレベルの社会プールに参加することを望まない。また地方政府も、老齢年金保険基金の余剰部分をコントロールできる特権を放棄したがらない。

もう一つの原因として、社会プールへの参加によって、企業の納入負担が重くなる可能性をあげることができる。扶養負担の重い地域は社会プールに参加することにより、退職者の年金額を引き上げることができる。だが、逆に、企業が納入しなければならない保険料は大きくなる。こうした問題の解決が、これからの重大な課題となる。この点では、シンガポールの経験を参考にすることが考えられる。

また、都市における国有企業に比べて、農村の郷鎮企業と外資系企業の加入率は低い水準に止まっている。一九九七年現在、八七四五万人の在職者と二四五一万人の退職者が基本老齢年金制度に加入している。これは従業員の総数の七九%に当たる数字である。多くの地域で非国有企業で就職する従業員の人数が半数を超えたが、老齢年金保険制度を実施しているのは二〇〜九〇%であり、地域間及び企業間の不均衡が目立っている。その原因は保険料率が高いこと、制度が目まぐるしく変化していることにある。このため、国有企業の労働力の流動化にも影響が現れている。

九七年に公布された「企業従業員の統一基本老齢年金保険制度を確立することに関する国務院の決定」には、社会保険の管理サービスの社会化（企業からの分離）のレベルを向上させ、できるだけ早く、企業が老齢年金を支給している現在の制度を統一した制度の下で社会保険として支給するように改めたいと述べられている。つまり、定年退職者の管理サービス事業が企業から社会へ移行されるような条件を積極的につくりだし、企業の社会的負担を軽減させることである。

従来の「企業保険」から「社会保険」への転換によって、退職者は企業から分離することになるが、退職者にしてみれば、企業に捨てられるといった感じを受けるかもしれない。実際には、企業は不安定で、経営状況によるリスクがあるため、社会全体に自らの老後を託したほうが安全である。また、企業の負担も軽減できる。現在、各地域における退職者管理サービスの企業から社会への移管は、まだ不充分である。さらに改革を加速し、進めなければならない。

改革・開放と市場経済の進展に伴って、中国では、近年貯蓄額が増加している。九七年七月月末までの都市・農村の貯蓄額は四兆二七七一億元で、都市の一人当たりの貯蓄水準は、九二年の二七〇〇元から、九七年七月月末には一万元まで増えた。一方、九六年十月までに保険会社は二〇社、保険代理人員は二〇万人、保険の種類は七〇〇種となっている。とくに生命保険を開始してから、加入者上昇率は四四％に増加し、一年間に平均五〇〇〇万人が新たに加入している。この数字から見ても、中国の商業保険には大きな潜在力があると考えられる。

サービスの社会化

逆に、改革中の社会保険体系を見ると、保障水準はまだ低く、一カ月の標準賃金が五〇〇元の従業員が勤続三〇年で定年になった場合、月三〇〇元程度の受給となる。それにもかかわらず、企業の負担は重く、老齢年金保険料とその他保険料と公益金とを合わせて、従業員のための負担率は五〇%を超えている。これは、国際水準の二〇%~二五%の正常線をかなり超過した数字である。それゆえ、社会保険制度の改革のもとに商業保険を発展させることが重要となる。

国民の商業保険意識を高めると同時に、商業保険の種類が増加し、商業保険基金が発展するための条件づくりを積極的に手がけていかなければならない。

扶養問題

中国が現行の一人っ子政策を継続するかぎり、先進国よりも速いテンポで高齢化社会を迎えることになる。年金制度が破綻しかけている現在の先進国の例を見るまでもなく、将来直面する問題をも考慮して制度の確立を進めねばならない。しかし、当面は、退職者をいかに養うかで手一杯というのが実情である。退職者はすでに九七年末で三三五一万人、支払福利費は一七三四億元に及んでいる。

このように増え続ける退職者に年金を支給するのが、今後の課題のなかでもっとも深刻になると考えられる。その主な理由として、社会保険基金の財政能力に対する危惧があげられる。

社会保険基金は従業員と企業双方からの積立てによって運営され、労働者は退職後、基金から年金の支給を受けることになる。しかし、現在、年金制度改革前の退職者に対しても、この基金から年金が支給されている。つまり、積立てをしていない者にも支給している。九六年では、基金の収入は一一七〇億元、支出は一〇三〇億元で、累積積立余額は五七〇億元にすぎない。これにより、社会保険基金の財政負担能力の低下が懸念されている。

中国は、人口の高齢化問題を解決するため、さまざまな社会保障措置を整備しつつあり、それはすでに政府の政策に組み入れられている。しかし、現在一億人いる六〇歳(中国の年金支給年齢は六〇歳である)以上の老人人口のうち年金をもらっているのは三〇〇〇万人余りで、あとの七〇〇〇万人の老人は家族の扶養に依存している。このため、現段階において、家族が、老人扶養の面で果たしている役割をおろそかにすることはできない。

年金生活者の老人であっても家庭における世話や介護が必要である。九六年十月一日に施行された「老人の権利・利益保障法」の中に、「老人の扶養は主に家族によるものとし、家族構成員は老人に心を配り、老人の世話をしなければならない」(10条)、「扶養義務者は老人に対する経済的な扶助と生活の世話およびメンタルケアの義務を履行しなければならず、老人の特別な必要に配慮しなければならない」という規定があることからも、老齢年金制度の限界を知る中国の苦悩が分かる。

したがって、工業化、都市化、高齢化が原因で生まれる核家族化、老人扶養機能の弱体化といった問題の解決に力を入れ、社会保障制度を強化、整備することが求められる。それとともに、家族による扶養の現状を改善し、助成金や、税の減免など相応の政策をとり、制度面から家族扶養を支援すべきであろう。

おわりに

経済改革、国有企業の経営悪化、急速な高齢化などを主因とする年金制度改革が、八四年からはじまり、九七年に新しい枠組みが成立した。それが社会プールと個人口座を結合させた老齢年金保険制度である。しかし、現在の中国の年金制度は決して満足できるものではない。これから世界各国の経験を参考にしながら中国独特の年金制度の充実を図ろうとしている。その際の最大の難関は、巨大な高齢化人口に対応した社会保障制度の構築である。

この中国独自の制度の完成、強化および全国レベルへの統合は、これからの課題であるが、一つの柱としての財政の強化と積立型年金基金の充実による蓄積の拡大を通じて高い成長率を達成し、高齢者を支える経済基盤を充実させることである。

ここで扱った年金制度の改革は都市のみを対象としたものであり、農村部を含む社会全体を論じたものではない。「都市と農村住民の社会保障の方法は区別があるべきである」と国務院が明言しているように、農村では年金制度がほとんど存在していない。それでも、郷鎮総数の四割に、社会保障基金会があり、その基金総額は五二億元（九七年）にのぼる。郷鎮企業で栄えた村では老齢年金が設立されているところもあるが、大部分の農村では年金保険制度改革の具体的な措置はほとんど始まっていない状況である。二一世紀中葉に中進国レベルに達することを目指す中国にとって、国民皆年金の実現もまた、社会安定の基礎として整備していくべき課題である。

（劉　暁梅）

第三章　医療保障制度

中国の医療保障制度は、建国後、逐次整備され、現在では「公費医療制度」「労働保険医療制度」及び「農村協同（合作）医療制度」から構成されている。「公費医療制度」と「労働保険医療制度」は、政府と企業が管掌する組織内の福利制度の一部である。

この中国特有の制度は、社会主義的な発想によるもので、福祉の色合いが濃く、かつては「無料医療」と呼ばれていた。農村では農村住民の任意加入による共済医療形態である「農村協同医療制度」が導入されていた。これは「保険」ではなく「個人の負担のない福祉」を意味していた。

こうした制度は建国当初、経済発展と国民の健康状態や医療水準の向上に大きく貢献した。しかし、計画経済体制の時代につくられた医療保障制度は、市場経済体制への移行に伴って様々な問題が表面化し、改革の必要に迫られている。医療保障制度の改革は、各地域で様々な方法によって試行されてきたが、九八年末全国的に統一された新しい医療保障制度が整備された。九九年一月一日から実施に移され、九九年末までに完全に旧制度から新制度へ移行するとされている。本章では、都市部の医療保障制度の現状、制度改革の経緯と問題及び新制度の構造について紹介し、今後の課題を見る。

1　旧制度

旧来の医療保障制度は、全国民への医療と保健の保障を行うことを目的とし、都市では無料の「公費医療」「労働保険医療」を、農村では保険料の低い「農村協同医療」を実施してきた。

「公費医療制」は、五二年に「人民政府・党・団体及びその所属部門の国家機関の職員に公費負担医療と予防措置を実施することに関する指示」の公布によって、正式に発足した。

その給付対象は、主に政府機関・事業体の職員及び退職者、大学の在校生及び在宅休養の二等乙級以上の革命障害軍人である。公費医療の適用者の人数は九一年の時点で二八〇〇万人である。

公費医療の財源は、政府分担分については国家財政予算の中に単独にその項目が設けられている。この予算は各級財政担当部門の分配案に沿って、衛生省、財政省を通じて公費医療管理機構に支給し運用される。個人負担がない「政府福利」の無料医療（わずかな受診受付料・往診療は個人負担）である。

「労働保険医療制度」は、五一年に「中華人民共和国労働保険条例」の公布、実施及びその後の関連の法律と政策の実施によって制度化された。

その給付対象は、主に国有企業・都市の一部の集団所有制企業の従業員及びその退職者である。従業員の扶養家族に対しても、部分的な給付（半額）が行われている。受給者の人数は、九一年の時点で一万三七〇〇人であった。

その財源は、企業の福利基金及び営業外支出からなるが、不足部分は企業利潤から繰り入れる。これは従業員の医療費を全額企業負担する個人無料医療制度であり、企業福利といえる。

「協同医療制度」は農村住民が自主的に作った農村互助共済医療保険である。最初は五六年の「高級農業生産合作社模範章程」によってできた。これは伝統的な医療保障制度であり、農村の主要な社会保障項目である。保険対象は農村協同保険に加入している農村社会構成員、その基金は主に集団と個人の共同拠出による形が多い。人民公社で実施された無料あるいは低費用を特徴とする農村医療保険には、七六年時点で、全国の九〇%の農民が参加していた。こうして農村の基本的な医療需要問題が解決されていた。しかし、八〇年代初めの人民公社の解体後、旧来の協同医療保障制度の基盤となった農村の集団経済の後退によって農村協同医療保険組織は減少し、一九八五年には参加人数は農民総人口の九・六%にまで低下し、その状況は今も変わってない。

2　改革の背景と原因

市場経済のインパクト

医療保障制度は市場経済への転換につれて、改革の必要に迫られた。「中国特有の社会主義市場経済体制」の進展にともなう国有企業の民営化と競争の激化による企業淘汰の結果、余剰人員の問題が顕在化し、「下崗」（レイオフ）の従業員も増大している。

国有企業改革を円滑に進め、社会安定をはかるためには、社会保障制度の整備が必要である。医療保障制度は、社会保障全体の中でも現在最も注目を集めている課題であり、最も難しい改革でもある。現在、老齢年金保険制度、失業保険制度とともに、全国的に統一された医療保障制度の整備が急務である。

さらに、企業がその従業員に対して医療費や医療サービスを提供しているため、地域間、企業間の医療サービスの格差が大きく、労働力の移動が妨げられているという問題もある。競争的な市場システムが導入されているにもかかわらず、従業員の年齢構成と従業員の労働内容などの要因によって、企業間で医療費負担に格差が生じるために、個々の企業は対等な条件のもとでの競争ができない。

非国有企業の医療保障問題も顕在化している。郷鎮企業などの集団所有企業や個人企業、私営企業及び外資企業の増加にともない、非国有企業が大幅に増えてきた。非国有企業の従業員数は全体の約三分の一を占めており、国有企業の民営化の進む今後も一層増加することが見込まれる。

こうした企業の従業員は制度的な医療保障でカバーされる対象となっていない。そのため、近年、この部門では医療費請求・支払いをめぐる労使紛争が急増している。

旧制度への不満　旧来の医療保障制度は、すでに継続が困難な状態になっている。ある調査によると、医療保障は国民の最大の関心事であり、しかも最も不満の高い問題である。一方で多くの従業員の基本的な医療が保障されず、他方で、医療費、医療サービスの無駄使いが指摘されている。

一部の国有企業には、生産性の低下と財務状況の悪化により、従業員の医療保障制度が有名無実となる傾向が見られる。企業経営の悪化で医療費の負担に耐えられないため、従業員、とくに定年退職者に対する医療費の支払いも遅れがちになり、その結果従業員の社会保障を受ける権利が侵害されている場合もある。

九六年大連市の西岡区での調査によると、調査対象となった一〇八社の企業のうち三八社が、退職者の医療費六二二万六八〇〇元を滞納していた。遅延期間が五年以上にもなる企業は一社、四年以上は四社、三年以上は四社、二年以上は八社、一年以上は一一社、半年以上は一〇社もあった。大連市は全国の中で医療保障状況が良い方であることからすれば、内陸部はもっと厳しい状態にあるといえる。

一方、「無料医療」を特徴とする医療制度は、医療費の需給バランスによる調整機能が働かないため、医療費、医療サービスの無駄使いが指摘されている。医療機関では、収入の増加をはかるため、高額な医薬品や栄養補助食品、医薬部外品を大量投入し、新しい医療技術や施設をやみくもに輸入して使用し、また、公費医療、労働保険医療の患者の入院期間を人為的に延ばしたりする現象がみられる。他方、患者の側も自己負担がないため、過剰に医療サービスを消費する傾向にある。

旧来の医療保障制度については、「家族の中に医療保障を受ける人がいたら、家族全員の医療問題が解決できる」という言い方がある。たとえば、医者に頼んで、家族のために薬をもらったり、家族の健康検査をする。さらに、入院患者のなかには大量の薬をもらって売却し、お金を稼ぐ人もいる。

労働保険医療の場合、医療費用の総額と一人当たり医療費は、七八年にはそれぞれ二八億三〇〇〇万元と三七・九八元だったが、九〇年では二二六億四〇〇〇万元と二一八・八三元、九六年には六一五億七〇〇〇万元と五四七・五八元に増加している。九六年末の労働保険医療費の総額は五五四億七〇〇〇万元で、九〇年の水準より二四五％増加した。九七年には、全国の従業員の医療費用は七七三億七〇〇〇万元で、改革初期の七八年に比べて二八倍となり、年平均増加率は一九％だったが、同期の財政収入の増加が六・六倍で、年平均増加率は一一％であった。

このように膨張し続けている医療費は、すでに中国の現在の経済水準では、企業財政と国家財政が負担しきれないところまできている（中国社会保険編集部「職工医療保障費用支出与控制評述」『中国社会保険』一九九八年十月）。

3　八〇年代以後の改革

医療保障の改革は、他の社会保障制度の改革とともに八〇年代に始まった。しかし、老齢年金保険、失業保険の改革よりも遅れ、いまだに旧制度から新制度に完全に移行できていない。このことからも、その改革の難しさを窺い知ることができる。この改革は徹底して中央政府主導型改革である。つまり、完全に中央政府の指導の下に、各地方で試行を繰り返すという過程を経てきた。

八〇年代から九〇年代初期にかけての改革は、急速に膨張しつつある医療費の抑制を目指した。第一に行ったのは医療費の個人負担制の導入である。個人負担の具体的な方法は地域によって異なる。

外来診察費及び入院医療費の五～二〇％を負担する方法を採用する地域もあれば、医療費の「個人定額補助制」を導入している地域もある。後者の方法は、年ごとに個人医療費を定額支給して年末に清算し、定額部分の残額は個人が受けとる。一定額以上の支出は補助しない。この方法は、相互扶助の機能が欠落しており、新たな社会問題を引き起こしたので、実施まもなく放棄した地域もある。また、指定された病院で受診する場合は個人が医療費の一五％を負担し、非指定病院で受診する場合は二五％を負担するという方法を採用する地域もある。この方法は新しい制度の実施まで、多くの企業と事業部門に採用されると予想されている。

第二は重病医療保険の実施である。これは、重病に罹った場合の医療費補助を目的とした基金制度である。加入主体は、主に国有企業及び県以上の集団所有制企業の在職者と定年退職者である。企業が毎月在職者のため、一人あたり二～四元（福利基金から支出）、退職者のため一人あたり五～一〇元（企業の「営業外支出」から支出）の保険料をプール基金に納付する。継続あるいは一回の医療費支出が三〇〇元（入院治療五〇〇元）を超える病気の場合に限って医療費が支払われる。

医療費三〇〇～一〇〇〇元の場合は社会プール基金が八〇％、一〇〇〇～一五〇〇元の場合は八五％、一五〇〇～二〇〇〇元の場合は九〇％、二〇〇〇元を超えた場合は一〇〇％負担する。

保険基金は市レベルでプールを実施しているが、その代表的な地域は北京と四川省成都である。

第三は医療保障制度改革の「モデル都市」の指定である。八九年三月、国務院は、遼寧省丹東市、吉林省四平市、湖北省黄石市、湖南省株州市を公費医療制度の改革「モデル都市」に、さらに深圳市と海南省を「総合改革モデル都市」に指定して、この実験に着手した。しかし、これらの改革は、全国に普及させる価値が認められるような成果を上げられなかったと評価されている。

4 保険方式による改革

九四年から、地域毎の社会プール医療保険基金と個人の医療保険口座の結合による保険方式で実験が開始された。こうした方法による医療保障制度の改革は、公費医療と労働保険医療の改革の見直しが始まったことを示している。

九四年三月、国務院は江蘇省鎮江市、江西省九江市を全国の従業員の医療保障制度改革モデル都市に指定し、翌四月には、国家経済体制改革委員会、財政省、労働省、衛生省の四つの部門が、「従業員医療制度改革の試行地に関する意見」を発表し、前述の方法による実験を開始した。

この方式は、老齢年金保険制度と同様に、企業が負担する保険料の一部を社会プール医療基金に積み立て、その他の部分と個人負担部分の全額を個人医療保険口座に積み立て、医療サービスを受ける時は、まず個人口座から支払い、それを超える部分は、基金から大部分を支払うが、個人も一部負担するというものである。この方式は、医療費の急増に歯止めをかけ、個人負担により個人の自己責任意識をも高めるとともに、市レベルの医療基金の設立によって、社会共済と社会公平の原則をも保つことができるとされた。

九六年四月、国務院はさらにモデル都市を五七に拡大してこの実験を継続しており、九七年末の時点で、全国の従業員二九五万四〇〇〇人と退職者七三万九〇〇〇人がこの制度に参加している。この方式については、各地域において多様な試みが行われて来ているが、その代表的なモデルは、次のようにまとめられる。

両江モデル　このモデルは、政府が推奨し、江蘇省鎮江市と江西省九江市が指定されている。企業が従業員の賃金総額の一〇％、個人が給料の一％を保険料として納入する。

個人納入部分は個人の医療保険口座に振り込まれる。企業納入部分は社会プール医療保険基金（四五歳以上四％、四五歳以下六％、定年退職者五％）と個人の医療保険口座にそれぞれ振り込まれる。

社会プール医療保険基金の納付額は四五歳以上が賃金の四％、四五歳以下六％、定年退職者五％で、個人口座への納付額は四五歳以上が賃金の四％、四五歳以下六％、定年退職者五％である。したがって四五歳以上の在職者の個人口座には個人納付分（賃金の一％）＋企業積立分（六％）が入ることになる。

社会プール医療保険基金は、市レベルで設置された社会医療保険機構が調整して使用し、あわせて基金の管理運用も行う。個人医療保険口座の元金と利息は従業員の所有となり、現金で引き出すことや他の目的に使用することはできないが、翌年度に繰り越して使用することはできる。

医療費が発生した際には、まず個人の医療保険口座から支払い、口座の残高を超える部分は患者の個人負担となる。この個人支払い分が年収の五％を超える場合は、五〇〇〇元未満では一〇％、五〇〇〇万以上一万元未満では八％、一万元以上では二％を個人負担する。残る医療費は社会プールから補塡されることになる（「鎮江市職工医療保険暫行規定」『中華人民共和国社会保険法規選編』一九九五年）。

天津、青島方式

天津、青島の両市で採用されている方式は、個人医療保険口座と社会プール医療保険基金の間に、企業による補充基金を設置するところに特徴がある。

従業員は、まず個人医療保険口座の積立金を使用し、足りないときは前年度の本人賃金の五％までが自己負担になる。それを超える部分については、企業補充基金と本人が一定の割合により共同で支払う。また、社会プール医療保険基金で支給される基準を超える場合は、その超える部分について、社会プール医療保険基金と本人が一定の割合により共同で支払う。

海南方式

海南方式は、個人医療保険口座と社会プール医療保険基金は連動せず、別々で運用する方式である。

個人医療保険口座は通院時に使用し、口座内の積立金がなくなると、すべて自己負担になる。社会プール医療保険基金は、もっぱら入院治療のみに使用することになり、この基金から支払われる疾病の治療費用については、この基金と患者本人が一定の割合より共同で支払う。

深圳方式

深圳方式は、「両江」の方式に類似しているが、両者の相違点は、まず離職幹部には旧制度（公費医療保険）が適用され、個人医療保険口座が作られない。一時居住者（正式の都市戸籍を取得しないまま都市に居住し、労働している人たち）及び失業者は、入院医療保険に加入し、通院医療などはすべて自己負担になる。

こうした四つのモデル以外の方式もある。上海は入院医療保険と急病通院医療保険を実施している。また、重病医療保険を実施する地域が増えてきた。九六年末、全国で二三の省、自治区、直轄市の八万社の七九一万一八〇〇人の従業員が重病医療保険に加入した。これは九五年の水準より一二・六一％増加している。

5　改革の成果と問題点

中国各地で、多様な方式で改革が試みられてきたが、さしあたり、ある程度の成果を収めることができたと評価できよう。

まず、従業員の基本医療を保障したことがあげられる。鎮江市の調査によると、従業員の二週間以内の受診率は、九四年（改革前）の六九・六五％から、改革後の九七年には八一・二％まで引き上げられた。経済的理由で入院治療ができない割合は、改革前の九四年の二六・五％から改革後の九四年には五％まで引き下げられた。上海市の場合、九六年一二月末現在、入院医療保険の加入企業は約二万社で、雇用している従業員は約四九〇万となった。従業員が医療保障制度に対してもつ満足度は非常に高い。また、九六年五月から十二月までの間、医療保険から一一万八七〇〇人の入院医療費用が支払われた。その内訳は在職中の従業員が四〇・七五％、定年退職者が五九・二五％である。

次に、医療費用の急増が抑制された。アモイの統計によると、一人当たりの医療費用は、九六年の一〇四四元から、九八年には七二〇元に低下した。低下率は六九％である。

さらに医療機構の改革も促進された。指定医療機構の管理制度の改革により、医療機構の内部管理が強化され、医療機構の収入構成が改善されたことと並んで、医療サービスも充実した。上海市の調査によると、病院の薬品収入が業務収入全体に占める割合は、九五年の五七・一％から九七年の四九・一三％に低下した。鎮江市では、大型医療設備の購入、修理費用は、九四年の四〇％から、九七年の一七％に減少した。

個人負担の導入にしたがって、人々の医療保険に対する意識は次第に変化している。つまり、人々は病気を治療するためにはお金を払う必要がないという時代は再びやってこないことを認識しつつある。

こうした医療保障制度の改革は、いまだに実験と模索の段階にとどまっており、そのため多くの課題を残している。

第一に、現在進められている改革は企業の従業員を対象としたものであり、社会構成員の大多数に対しては基本的な医療保障が実現していないという根本的な問題には手がつけられていない。医療を受ける機会の平等にかかわる問題は、なお未解決のままである。

統一的な基準で徴収される費用の負担は、企業にとっては重いが、保障の水準は期待したほどではない。こうした状況のもとでは非公有セクターへの制度の浸透はきわめて難しい。その結果、旧来の体制のもとで形成された非合理で、保障水準に格差のある制度を当面の間維持していかざるを得ないと思われる。

第二に、現在の改革は医療体制の問題にまで踏み込んで行われているとは言えない。中国のほとんどの医療機関は政府機関によって運営される非営利的組織である。しかし、実際には政府からの必要な経費の配分が不足しており、医療機関が自ら収益をあげて経費の不足分を補わざるを得ない状況にあり、医療機関の「商業化」を引き起こしている。

たとえば、前にも述べたように、医療機関は高収入を求めるため、高額な医薬品や栄養補助食品、医薬部外品を大量投入し、新しい医療技術や施設をやみくもに輸入して使用し、また、公費医療、労働保険医療の患者の入院期間を人為的に延ばしたりする現象がみられる。改革の中ではこのような現象を抑制する試みも行われているが、医療機関自体の体質を変えるには至っていない。

第三に、改革のねらいは、現在試行中の医療保障制度の範囲内においても、必ずしも期待された成果をあげていない。この改革は、個人負担を導入することによって、医療機関や患者による医療費、医療サービスの過剰消費を抑制し、医療費の無制限な増加をコントロールすることに焦点が置かれている。しかし、社会プール医療保険基金と個人の医療保険口座の結合という方法を採用した大連市の例によると、九七年の医療保険の収支は一一三六万元の赤字となっており、その原因として、この制度自体に問題があることが指摘されている。

このような制度では、保険に加入すると、医療費が高額になるほど個人の負担割合が低くなるため、個人の医療サービスの消費行動を十分にコントロールすることはできない。また、個人口座のＩＣカードを貸し借りする現象もあらわれている。個人口座の残高は医療費のためにしか使うことができず、個人が引き出すことはできないので、「使っても使わなくても同じなら、使わなければ損だ」という考えでこのようなことが行われているようである。

第四に、医療機関にとっても、現在の医療保障制度の改革に適応していくことは容易ではない。たとえば、一人の医師が診察をするだけでなく、患者の医療保険証を確認し、医療保険の対象となる薬の種類を把握し、保険の加入者、未加入者、公費医療の対象者、自費で診療を受ける者ごとに別々の処方箋を作成しなければならない。

最後に、医療保険に加入している企業等が保険料を滞納している場合には、医療費を支出する機関である「保険公司」と医療機関の間で医療費の決済を行うことができないので、一部の医療機関では、資金不足の状態のままで経営が続けられている。

このような問題が残されている原因は、次のように考えられる。まず、医療消費のニーズと当該企業の財務能力の関係を充分把握していなかったため、高いレベルで保険料率が設定されたことである。たとえば、鎮江市の医療費の保険料率は賃金総額の一〇%を占めているが、この割合は、企業の負担増をもたらしたうえ、医療費の負担に耐えられない企業が増えてきた。こうした制度の改革は悪循環をもたらし、その結果、国有企業全体の改革にも影響を与えている。

次に、保険機関の担当者が旧制度（公費医療、労働保険）の簡単な管理方法に慣れてしまったため、医療改革後の保険基金の徴収、管理及び支払いなどの経験がなお不十分で、その意味では、新制度を運用する人材面での整備が追いつかないと言えよう。また、前述の医療機構改革の遅れも、医療保障制度の改革を難航させるものとなっている。

このように、医療保障制度の改革をとりまく状況は厳しく、また地方によって政策や改革の進み具合がまちまちである。全国的に統一された医療保険制度の整備が強く求められる。

以上、概観したように、十数年にわたる医療保障制度の改革の試みは、個人負担の導入に始まり、企業保険から社会保険へと変遷してきた。

各地での試行は、改革担当者に貴重な教訓を与えると同時に、なお多くの解決すべき課題をも浮き彫りにした。国務院はこれまでの改革の経験に基づいて九八年十二月十四日、「都市従業員の基本医療保険制度の整備に関する国務院の決定」(以下「決定」という)を公布した。これによって、五〇年代初頭から制度化されてきた公費医療、労働保険制度に代わって、全国的に統一された医療保障制度が実施されることになった。

6 全国統一の新制度

朱鎔基首相は、医療保障制度の改革を政府の五大改革の一つにあげており、同時に九八年改革の重点項目としている。その改革とは、九九年の一年間にすべての事業主と都市部の勤労者をカバーすること、事業主と勤労者の双方が保険料を負担すること、社会プール医療基金と個人の医療保険口座を結びつけた方式を実施すること、社会医療保険、補充的医療保険と商業的医療保険及び医療救済を含む多元的な医療保障体系を打立てることである。

その目標を実現するためには、医療保険の財源がいくら必要かではなく、いくらなら可能かが出発点であり、「低水準、広範囲」の原則を守らなければならないとしている。新しい制度は、多元的で多くの選択肢をもつ医療保障を備えており、それらが総合的に連携して、中国の都市従業員の医療保障体系を支えることになるとされている。

社会医療保険の被適用者は、都市部のすべての企業(国有企業、集団所有制企業、外資系企業、私営企業などの従業員を含む。ただし、郷鎮企業は対象外)、行政機関、事業単位、社会団体、民間の非営利団体及びそれらの従業員である。個人経営者とその従業員にも適用することができる。

保険者は、原則的には地区級政府（地区、市、自治州、自治盟を含む）となるが、県（市）を単位に実施することもできる。直轄市では、全市を一つの単位として実施する。

社会医療保険基金の保険料については、事業主と従業員が共に負担することになっている。企業が従業員の賃金総額の六%を、個人は給料の二%をそれぞれ納付する。経済の発展によって、事業主と個人の納入比率を調整することができる。

社会医療保険の基金は社会プール医療保険基金と個人口座からなる。個人の納入部分は、すべて個人口座に入れる。企業の納入部分は三〇%を個人口座に入れ、残る部分を社会プール基金に積み立てる。

社会プール医療保険基金と個人医療保険口座との使途についても明確に規定されている。軽い病気の医療費は自己負担、重い病気の医療費は社会プールから拠出する。また、社会プール医療保険基金と個人医療保険口座を別々に運営し、双方の流用を行うことは禁止されている。

医療費が発生した際には、まず個人の医療保険口座から支払い、口座の残高を超える部分は患者の個人負担となる。個人負担の額が当該地区の年平均賃金の一〇%を超えた場合には、大部分が社会プール医療保険基金から支払われるが、個人も一部負担する。

社会プール医療保険基金の最高支出額は、当該地区の年平均賃金の四〇〇%となっている。四〇〇%を超えた部分は商業保険により解決するものとされている。個人負担と社会プール基金の負担額及び比率は、各地域が収支均衡の原則にしたがって、保険金の収支均衡をはかるものとされている。

医療サービス

医療サービスの具体的な内容は、①医療保険サービスの範囲と基準を明らかにする。国の基本医療保険の対象となる薬剤のリスト、診察項目及び使用する検査の基準とその管理方法を定める。②社会医療保険は、指定医療機構と指定薬局で実施すると共に、競争原理を導入し、指定医療行為を標準化して、医療衛生資源の利用効率を高める。③科学的で合理的な方法で医療費の予算を組むことによって、医療費の総額をコントロールし、基金の収支均衡を保つ。④医療サービスシステムの構造調整を行い、医療費と薬剤費を別々に決算、管理することによって、医療行為の規範化を促進する。

以上のことを制度化するために、労働・社会保障省と中央関連行政部門は、九九年四月「都市従業員基本医療保険の指定小売薬店管理暫定方法」、九九年五月「都市従業員基本医療保険の指定医療機関管理暫定方法」、九九年五月「都市従業員基本医療保険の薬品使用範囲管理暫定方法」を公布した。

これら三つの「暫定方法」によって、投薬は保険対象薬品リストによりコントロールされ、医療機関は三～五機関からの選択性に移行することにより競争原理が働くよう工夫され、さらに薬の調剤において、医薬分業が導入された。これらが一体的に運用されることにより、徐々に医療費の冗費の是正が目指されている。

基本医療保険基金を安全に、そして合理的、効率的な利用を維持するためには、基金の管理と監督の体制を整えなければならない。これは医療保険制度の成否に深くかかわっている。「都市従業員の基本医療保険制度の整備に関する決定」によると、医療保険基金の管理と監督を強化するために、次のような措置が必要とされている。

①基本医療保険の行政管理と事業を分離する。

②医療保険基金は財政専門口座での管理を行い、勤労者の医療以外の目的には使用できない。

③社会保険機構の事務的経費は、当該地区の財政予算によって賄う。医療保険基金から引き出すことが禁止される。
④社会プール医療保険基金は、収支均衡の原則に従って、収入額による支出額を決まる。
⑤社会保険機構は予算と決算を計上する財務会計制度及び内部監査制度を完備しなければならない。
⑥監査部門は、定期に医療保険基金の収支状況及び医療保険機構の管理の状況を監査する。
⑦行政、雇用者、医療機関、労働組合及びこの分野の専門家からなる監督組織を設立する。

「都市従業員の基本医療保険制度の整備に関する決定」によって、改革の目標、方針、主要政策及び統一的な制度の枠組みが明らかにされたが、実施方法と具体策の決定権は各地方政府にある。各地方政府は、国家の方針及び政策に基づいて、当該地区の経済レベルと医療消費レベルを踏まえ、十分に財政、企業、個人の負担力を考慮して、その地区の事情に即した措置をとるとされている。

しかし、この政策は、なお、特定地域つまり都市部に限定されたものにとどまっている。医療保障は本来国家が統一的に細部のサービスまで律し、国民共通の基盤を整備する最も重要な政策として、最終的には国民皆保険を目指すべきである。具体策の地方委任はすみやかに縮小し、ナショナルミニマムとしての医療保障の確立を国民も国際社会も求めているのではないだろうか。

多元的な構造

基本医療保険制度によると、基金の最高支出額は、従業員平均賃金の四倍前後と規定される。しかし、ガン、心臓病、高血圧などの治療には、一般的に従業員平均賃金の五倍の金額が必要とされている。この部分の医療費の解決は、商業（補充）医療保険及び社会医療救助制度に依存する。

つまり、公的な医療保障の縮小にしたがって、私的保障の拡大が必要となる。

今後は、最低水準保障から十分な保障まで、各自の経済能力や生活設計に応じた多元かつ多層的な保障構造の整備が迫られている。しかし、現在中国における商業保険の状況は、必ずしも満足できるものではない。従ってその環境整備も急務といえる。

社会医療保険はすべての都市従業員の医療保険をカバーする。社会医療保険は中央政府が管掌する社会保険で、政府が法律に基づき強制的に実行するため、すべての都市勤労者が参加しなければならない。保険資金の財源は、政府が徴収する税及び雇用主と従業員からの保険料収入である。保険に加入した勤労者の受けるサービスは、基本的に同一である。

次に補完的な医療保障として二種類が提案されている。一つは補充的医療保険で、国家の社会医療保険の不十分な保障を補うために、法律で規定されたものである。税制などの優遇政策により、雇用主や業界が独自で資金を調達できるようにし、従業員が社会医療保険の範囲外の医療保険サービスを受けられるようにするものである。補充的医療保険は、集団で民間の保険会社と保険契約を結ぶことができる。大企業や公的機関あるいは業界独自で、基金やそれに相応した管理機構を設立することができるが、これらの基金は非営利目的でなければならない。

もう一つは商業的医療保険である。これは個人が自らの収入状況及び目的に応じて、自発的に商業的医療保険に加入することになる。経営機構は営利企業であり、市場の需要に応じて保険の種類と保険料額を設定し、年齢、職業、収入の異なる人々の加入を促すことになっている。

政府は法律によって商業的医療保険を経営する保険会社を指定し、基本医療を保障している社会医療保険が提供するサービスのほかに、民間の保険会社が被保険者に快適で先進的な医療保険サービスを提供することを奨励している。たとえば、高級な病室、高度で最新鋭の診療設備や医薬品などである。現在のところ、商業的医療保険が扱っている保険の種類はかなり少なく、かつ子供など基本リスクが比較的低い人々を対象としたものに集中している。

社会医療保険のもう一つの補完形式として、商業的医療保険における単一病種保険（ガンなど）、疾病補助（発病後一定額の経済的補償金を支給）がある。一部の人々の医療を受ける環境と病院の選択についての要望にこたえるといった面で、市場の潜在的需要が見込まれている。

医療救済は都市の貧困状態にある人々を対象として行われる無償の医療援助である。ただし、この制度はなお具体的な施策に至っていない。

全体から見て、社会医療保険制度は医療保障体系の基礎部分を成しており、政府の管轄する業務である。補完的医療保険と商業的医療保険はそれぞれ企業と個人が主体となる保険である。このようなピラミッド式の構造は、異なった企業や個人の医療需要にこたえ、都市勤労者の生活水準を高めるためのものである。政府は法律と経済的手段によって三者の関係を調整し、全体の体系が、中国の国情にあった勤労者の健康と疾病予防に役立つものとなるよう整備に取り組んでいる。

例外の医療保障

建国の過程や社会主義の帰結として、中国には固有の例外制度も並存している。この例外的な制度は、以下のようになっている。

①すでに定年を迎えている「幹部退職者」「老紅軍」（革命に参加した老幹部）は、医療保険改革の対象から除外されており、従来の医療保障制度を適用する。支出の財源が足りない場合は地方政府が負担す

る。その具体的な医療管理方法は省、市、自治区の人民政府が決定する。

②二等乙級以上の革命障害軍人の医療保障も旧来の制度を適用する。そして、社会保険会社によって単独管理する。財源が足りない部分は地方政府が負担する。

③一般退職した人は「幹部退職者」と異なり、基本医療保険に加入するが、個人としては保険料を納入しない。彼らは在職者より低い基準にしたがって医療費を負担することになっている。

④国有企業をレイオフされた従業員の場合企業負担分と個人負担分を合わせ、再就職サービスセンター(一時レイオフされた人を対象とし、企業内で設置した臨時的なマネジメントの部門である。その役割は再就職のための技能の育成、再就職の斡旋、レイオフされた人員の生活費の支給及び保険料の納付である)が、所轄地域従業員の平均賃金の六〇%をもとにして、保険料を納付する。

「低水準、広範囲」

「低水準」とは、基本医療保険の水準が財政と企業の能力を考えて、財源が「いくら必要かではなく、いくらなら可能か」が出発点であることを指す。社会医療保険の「広範囲」とは、保険の大数法則にしたがって、できるかぎりすべての事業主と従業員を含むということである。旧来の医療保険制度の保障内容や保障水準が無原則、無秩序であったのに対して、新制度では、前述のように基本的な薬剤・医療技術・基本的なサービス施設及び社会プール保険基金の最高支給額などの点について、詳細に規定されていることから、「広く、浅く」という低水準原則に基づいていることがわかる。

個人負担の導入に始まった改革が、結果的に医療保険制度の設立までに至った。新制度では、保険料が企業と個人により負担される。個人負担の導入は医療費増大の抑制を目指してのことであったが、はからずも、発展途上にあった中国の医療保障制度を国家の恩恵から社会サービスへと変化させ、被保険者をサービス享受の主体にまで押し上げた点で、まさに「社会保険」化したと言える。

これは、市場経済導入の当然の帰結とも言えるが、先進各国では難航するであろう個人負担の導入が素早く導入されるところに、中国の制度改革の特徴を見ることができる。しかし、個人負担によって、どの程度まで医療費の増大を抑制できるのか、また、個々人の負担の割合をいかに適切に規定するか、あるいは、どの程度個人負担が可能なのか、こうした複雑で、困難な過程をこれから解決していかなければならないと考えられる。

おわりに

新しい制度では、公的医療保障が縮小され、その部分は私的保障に委ねられたが、今後もこの方向で改革が進められていくと思われる。したがって、このことは、従来の全面的な公的無料保障からすれば根本的な転換であるといえるだろう。

新しい制度の中に、高齢者の保障が含まれている。日本の場合、高齢者の医療は老人保険制度によってカバーされている。この制度は、既存の被用者保険と国民健康保険等によって支えられているが、近年老人保険支出の増大に伴い、構造的な財政困難に直面しているばかりでなく、負担（拠出）と給付の関係が不明確である、などといった問題を抱えている。

中国の方式は一つの組織で高齢者も包摂することになっており、日本の方式と比べて単純で分かりやすい仕組みになっている。
しかし、始まったばかりの新制度は、実際の運用の中ではじめてその成否が問われ、さらなる改善へ向けての努力が必要とされる。すでに、幾つかの問題点が現れている。たとえば、保険料の負担により、黒字から赤字に転落する企業が出てきたこと。元々赤字だった企業の保険料の徴収がますます困難になったこと。また旧制度の医療費よりも、新制度の保険料の方が高くなる企業もあり、競争力を失った企業もあること。企業が保険料を納入しないため、その企業の従業員が医療保険を享受することができないケースが生じ、医療保険自体への不信が生じてきたこと。重病になったとき、商業保険に加入していないと、十分な治療ができなくなるケースも多いことなどである。これらはすべて、市場経済への転換が産み出した必然の帰結ともいえるが、その解決なしに、社会主義市場経済の成功はない。

（劉　暁梅）

第四章　失業保険

1　失業保険制度確立の背景

中国は現在、改革・開放政策の最終局面にある。その一つの中心は国有企業改革である。中国の国有企業改革は、改革・開放の初期から企業自主権の拡大を中心に、漸進的に行われてきたが、本格的には九二年の中国共産党第一四回大会で「社会主義市場経済体制」への転換目標が確定し、九四年から大、中型国有企業の株式企業化（民営化）の方針が明確化されるとともに、国有企業改革が本格化した。

九〇年代に入ると非国有経済の発展とは対照的に、国有企業は、経営不振から赤字企業に転落する企業が続出し、国有企業の構造調整が避けて通れなくなった。もともと中国の国有企業は最大の経営能力に見合った人員を抱える過剰雇用にあったから、企業活動の低下は労働費などの固定費の重荷が大きく、容易に赤字企業化を招くことになったのである。

国有企業改革は、九七年の中国共産党第一五回大会を契機に、それまでの「試行段階」から本格的な実施段階に入っている。これと同時に、九八年度から行政の簡素化と人員の削減を眼目とする行政改革が併行して行われているので、現在の中国の改革は「大構造調整の時代」にあるといえる。そのキーワードが「下崗」である。これは中国式レイオフ制を意味するが、アメリカなどと異なるのは、本来の一時帰休ではなく、いったん下崗されると再び企業に復帰することは困難であり、再雇用を探さなければならない。この大下崗の時代を乗り切って行く制度保障の一つが失業保険の制度であり、現在の転換期にあって、とりわけ重要な意味をもっているのである。

失業者急増の原因

中国で失業者が急増している主な原因としては、①国有企業を中心とする企業のリストラによる企業内失業者（富余人員）、下崗（一時帰休者）の大幅な増加、②国有企業の倒産による失業者の急増、③農村部には数億の余剰労働力があり、その一部が都市部へ流入、新規の労働供給が急増したことがあげられる。

下崗には二つのケースがある。一つは、国有企業の営業・生産が停止状態であっても、倒産していないため、自宅待機となっているケースである。もう一つは、国有企業のリストラ対象者として自宅待機しているケースである。この場合、職場復帰できないと分かると、企業側は彼ら自身が求職活動を行い、再就職することを奨励している。両ケースとも、待機中は企業から基本生活費が支給される。また、下崗にはなっていないが、企業内に仕事がなく、いずれは下崗となるのが見込まれる状況が企業内失業で、下崗を含むより広義の概念である。

失業とは、企業の破産または合併によって雇用を失ったことをいうが、中国では都市の失業者数・失業率しか公表されていない。失業者とは、非農業戸籍をもつ男性一六〜六〇歳、女性一六〜五五歳の労働能力と就業の意思のある未就業者で、中国政府の労働管理機関に正式に失業登録をしている者を指す。すでに失業保険に加入した失業者は、失業保険制度よって政府の労働管理機関から失業救済金を受けとることができる。

中国の人口は九五年には既に一二億人を超え、九八年には一二億五〇〇〇万に上り、そのうち九億人は農村人口である。しかし、労働・社会保障省によると、余剰労働力は農村部のみでも一億二〇〇〇万人に上り、二〇〇〇年には一億四〇〇〇万人を超えると予測されている。

九〇年代初めから多数の農民が内陸の農村から沿海都市に出稼ぎに出かけ、その現象は「民工潮」と呼ばれている。これらの農村部の過剰労働力は都市部の労働市場に巨大な供給圧力となっている。

改革・開放政策の展開とともに、中国経済は二〇年にわたって年率九・八%という高成長を達成してきた。この過程で国民経済は市場経済化し、国有企業は九〇年代になると、赤字企業が三~四割にも達し、本格的な「構造調整」の時期に入っている。

このため、近年、国有企業の倒産件数が急増している。北京のある調査事務所のデータ（九九年）によれば、九一年の破産件数は一一七件、九二年は四二八件、九三年は七一〇件、九四年は一六五二件、九五年は二三八五件と増え続け、九六年は六二三四件、前年の二・六倍に達した。九七年は四五一八件であったが、九八年には六一四八件と再び増加している。中国統計局によれば、八万八〇〇〇社の国有企業のうち少なくとも一五%の企業は破産状態であり、今後五年間以内に倒産すると予測されている。この国有企業の倒産が多数の失業者を発生させている。

厳しい経営環境にある国有企業は、赤字経営を是正し、市場メカニズムに適応できるよう、企業組織の改革、人件費の節約と余剰人員の整理などに努めている。

国有企業は、人件費の節約と経営効率の改善のため、余剰人員に対して早期定年退職を奨励し、また人員

1997年主要地方別失業人数と一時帰休人数

単位：万人（%）

	従業員数(A)	失業者数(B)	失業率%(B/A)	一時帰休数(C)	一時帰休率%(C/A)	実際失業率%
北京市	499.6	3.30	(0.66)	13.20	(2.64)	(3.30)
天津市	318.8	4.30	(1.35)	21.10	(6.62)	(7.97)
上海市	527.7	14.90	(2.82)	37.70	(7.14)	(9.97)
遼寧省	1141.8	46.00	(4.03)	90.00	(7.88)	(11.91)
山東省	1118.3	38.90	(3.48)	61.90	(5.54)	(9.01)
湖北省	925.2	33.90	(3.66)	72.40	(7.83)	(11.49)
四川省	794.0	43.20	(5.44)	67.10	(8.45)	(13.89)
黒龍江	970.6	25.50	(2.63)	122.10	(12.58)	(15.21)
全国	20,207.0	576.80	(2.85)	1274.10	(6.31)	(9.16)

出所：実際失業率以外は、『中国統計年鑑1998』中国統計出版社1998年10月。
実際失業率は登録済み失業率と一時帰休率を合計したもので、筆者作成.

削減の直接的な手段として下崗の措置を採っている。

失業の実態　政府統計によると、九〇年代前半の都市部の失業率はほぼ三%未満であるが、後半に入ると三%をやや超えるようになった。ただしこれは、政府労働機関に正式登録した失業者の人数であり、下崗者はこの中には含まれていない。

また、九七年の登録済み失業者は五七〇万人で失業率は二・八五%、下崗者は一二七四万人で全国の従業員の六・三一%を占めている。したがって、登録済み失業者と下崗者の合計は全従業員の約九・一六%を占めることになる（表参照）。

一説には、下崗者は約三〇〇〇万人前後ともいわれる。また、新規に労働市場に参入する高校および中学卒業者は毎年約一〇〇〇万人いるが、そのうち就職できる者は約八〇〇万人である。従って、「待業」の新卒者は毎年二〇〇万人以上のペースで増加している。この場合「待業」とは、就職できない新卒の大学生、高校生および中学生が、就職を待つことをいう。

八七年、新卒で就職できない大学生、高校生および中学生の割合は、登録済み失業者の全体の八五％だった。九二年以降、失業者の主要対象である新卒の失業者は減ってきている。九五年には、登録済み失業者の六割まで下がっている。これは、中央政府が、高い新卒失業率が社会の不安定の要因になるため、就職の拡大に努力したためであり、その効果が見えてきた。しかし、新卒の待業者が減る一方で、在職者の失業が急増している。

こうした状況を踏まえると、下崗者や企業内失業者、待業者などを含む中国都市部の実質的な失業率は一〇％を超えていると推測できる。

【上海市】中国における最大の都市であり、軽工業、手工業、とくに紡績工業がもっとも発展したところである。九五年、総人口は約一三〇〇万人であり、農業専業人口を除く就業人口は六九七万一〇〇〇人である。同年、正式失業登録者の人数は一四万四〇〇〇人であり、総人口の約一・一％を占め、就業人口の約二・一％を占めている。上海市の実際失業人数（企業内失業者などを含む）は約七〇万人に達しており、総人口の約五・四％を占め、就業人口の約一〇％を占めている。

【遼寧省】大手国有鉄鋼業、鉱業、自動車産業が集中し、中国の主要な重工業地域である。国有企業の改革にとって、遼寧省は最も重大な位置を占めている。遼寧省の在職者人数は七七一万七〇〇〇人であるが、九六年の一年間で失業者が二〇万人も増加し、登録失業者総数は七〇万人を突破、在職総人数の約九％を占め、中国において失業人数が一番多い省となった。

【武漢市】漢口、武昌、漢陽の三つの町より構成され、中国の内陸部で最も重要な都市である。武漢市の在職人数は二二四万人であるが、武漢大学の調査によると、その中の下崗者は三〇万人を超え、在職総人数の約一五％を占めている。同大学の予測によると、今後数年間、少なくともあと三〇万人は下崗に直面すると考えられている。それと同時に、毎年約一〇万人程度の新卒などによって、新しい就職の希望者が増えてくる。武漢市の失業者と企業内失業者の割合は、一対五の比になっている。九六年度の再就職人数は一三万一〇〇〇人であり、多数の失業者、下崗者、および新卒などの就業必要対象者にとっては、「僧多粥少」（人手は多く、仕事は少ない）の状況がまだまだ続くと見られる。

失業者の特徴

第一は女性の失業率の高さである。遼寧省、江蘇省、上海市、黒龍江省、安徽省の五省市の非公式統計によると、九六年に下崗した従業員は四一三万六〇〇〇人、うち女性従業員は二四八万二〇〇〇人で全体の約六〇％を占める。しかし上記五省市における全従業員に占める女性従業員の割合は約三七％から四〇％であることから、下崗者に占める女性の割合はかなり高いことがわかる。

また上海市政府の計画では、同市の五五万人を超える繊維産業の従業員は二五万人まで削減する予定である。言い換えれば、半数以上の従業員は繊維産業のリストラの対象者となり、そのうち九九％以上は女性従業員であると考えられる。九六年、繊維産業はすでに七万九〇〇〇人を下崗させ、前年を合わせると下崗者は一二万五六〇〇人に上る。

女性従業員は、出産期、育児期間内に下崗させられるケースが多いが、その時期を過ぎても職場に復帰できないケースがしばしば発生している。

第二の特徴は失業者が中高年齢層へシフトしている点である。八〇年代後半は失業者の八割前後が二〇代前後の青年であった。しかし九〇年代後半に入ると、失業者の中心が低年齢層から中高年齢層にシフトする動きがみられる。失業者の中の青年（一六歳以上三〇歳未満）の割合は、九四年が六二・一％、九五年が五九・

七％と次第に下がっている（『中国統計年鑑一九九六』）。たとえば安徽省の場合は、九六年の失業者の中で四〇代以下が約八〇％以上、三〇代以下は約三八％を占める。したがって、三〇代から四〇代までの中年層の失業者は全体の約四〇％前後を占めていることがわかる。

第三の特徴として失業者の教育水準の低さが上げられる。一例として上海市の場合、非公式統計によると、失業者のうち中卒および中卒以下の者は九七年では約八〇％を占めている。教育水準が再就職のカギであり、教育水準の低い者は再就職先を探すことはかなり難しいのが現状である。

2　政府の失業対策

再就職キャンペーン　失業者および下崗者をできる限り早く再就職させ、失業者の急増に歯止めをかけることを目的として、中央および地方政府の再就職キャンペーンが全国規模で実施されている。

九七年四月、国務院は各地方政府に「若干の都市における国有企業の吸収合併の試行および従業員再就職に関する補充通知」を通達し、各地方行政機関が失業者の再就職により力を入れるよう行政指導を行った。また同時に各地方の民間団体にも協力を呼びかけた。

各地方の行政機関は、経営状態の良い企業を指定して失業者の再就職の受け入れに協力を求め、倒産企業または倒産寸前企業からの失業者をそれら指定会社に再就職させている。また、多くの地方政府が、再就職者を受け入れるための新設会社や再就職者の受け皿会社に対して減免税措置等を講じている。河北省、安徽省、甘粛省、江西省などが好例であるが、江西省南昌市の場合は、企業の従業員の六〇%を超える再就職者を受け入れる会社に対して、税や各種費用の徴収について優遇政策を設けている。また、サービス業を中心とする第三次産業の企業を新設または拡大し、失業者に対してより多くの再就職の機会を提供している。

専門技術を持っていない失業者は再就職が難しいのが現状である。政府、労働組合および婦人連合会などは、失業者や企業内失業者のために「職業訓練センター」「女子学校」「週末学校」などを開設し、彼らがサービス産業に必要な専門技術など各種技術を取得するように訓練を行っている。こうした機関や団体は、職業紹介所と連携し、彼らに訓練終了後に速やかに再就職を斡旋するシステムを作っており、再就職のチャンスがより拡がるよう努めている。

各地方政府はここ数年間、このような再就職キャンペーンに非常に力を入れ、かなりの成果を挙げている。たとえば四川省の場合、失業登録済みで失業救済金を受領している者は九六年に一八万四〇〇〇人であったが、そのうち再就職した者は八万八二〇〇人で、これは失業救済金の受領者の約四八%にあたる。山東済南市においては、六万人の失業者のうち、既に五万人は再就職した。また上海市は、ここ数年間のキャンペーンの結果、昨年までの五年間で約八五万人の失業者（下崗者を含む）の再就職を達成している。

中国では現在、法定定年退職の年齢は男性六〇歳、女性五五歳とされている。早期定年退職の措置では、これが男性五〇歳、女性四五歳に繰り下げられる。早期定年退職をすると、早期定年から法定定年までの間、企業から基本生活費を受給することになる。基本生活費の水準は法定定年退職者の年金の約六割程度であり、失業保険金とほぼ同水準である。

しかし早期定年退職の普及は、社会的に再就職への圧力を減らす一方で年金受給者を増加させ、老齢年金基金に巨大な圧力を掛けることが予想される。高齢化が急速に進んでいる中国にとって、二一世紀は、失業問題と老齢年金問題との間で、ディレンマを抱える苦しい時代となろう。

下崗者への対策

九八年、国務院は下崗者の基本生活を確保し、再就職を促進するため、再就職サービスセンターを作る必要があると、各省、直轄市、自治区に通知した。この国務院の通知に基づいて、財政省、教育省、国家統計局、中華全国総工会は、再就職サービスセンターを作る細則を公布した。

再就職サービスセンターは、下崗者を対象とする企業内の臨時的な職業訓練及び斡旋等のための組織である。再就職サービスセンターの役割は、①再就職のための職業訓練、②再就職の斡旋、③下崗者の生活費の支給、④下崗者の社会保険料の納付である。

下崗者は、自宅で待機することになっても、会社との労働契約関係は解除されていないため、まだ、会社の従業員である。休職期間内は企業から給料の五〇％から六〇％にあたる生活費が支給され、最低生活が制度的に保障されている。下崗者は、会社の指示に従って、再就職サービスセンターに入会しなければならない。それを拒否すると、国務院の関係法令に従って、会社と現存する労働契約を解除することになる。

再就職サービスセンターの入会には手続きが必要である。入会者は、再就職サービスセンターと「基本生活保障と再就職協議書」という契約文書を締結する。主な内容は二つに分かれている。一つは、現行の労働契約の中での雇用関係条項を読み替え、会社が負うべき責任は、再就職サービスセンターが負担するという仕組みである。その内容は、再就職サービスセンターが下崗者の基本生活費を支給し、在職中に支払うべき社会保険料を本人の代わりに納付することである。もう一つは、再就職サービスセンターの職業訓練を受け、再就職活動をしなければならない。再就職できたら、自動的にこの協議書を解除することになる。契約の期限は原則として三年を超えないことになっている。

この入会時の「基本生活保障と再就職協議書」は強制的であり、それを拒否すると、再就職サービスセンターに入会しないこととみなされ、国務院の関係法令に従って、会社と現存する労働契約を解除される。入会すると「下崗証明書」が発行され、この証明書をもって、基本生活費を受領することができ、その他の福祉待遇も享受することができる。

再就職サービスセンターを運営する資金源は国の財政が三分の一、地方の財政と地方独自に調達した資金が三分の一、企業が三分の一である。

再就職サービスセンターは、九七年末の時点では、政府が想定したほどの効果は上がらなかったようである。下崗者の再就職サービスセンター未入会率は上海では三八・二%だが、北京では六〇・四%、天津では一〇〇%にも上る。重慶では九三・四%、黒龍江では九〇・二%、遼寧では八四・五%、江蘇では八七・三%、四川では九二・一%、河南では六五・五である。平均すると八割以上の下崗者が入会していない（『中国労働統計年鑑一九九八』）。再就職サービスセンターが、どこまで機能を果たすことができるか、注目すべきところである。

3　失業保険制度の沿革と概要

中国の社会保険の中で、老齢年金保険、医療保険、労災保険などは、だいたい五〇年代から制度が整備されたが、失業保険は、その他の社会保険と違って、改革・開放後の八〇年代なってから整備が始まった。その原因は、かつて中国は社会主義計画経済体制の国であるから、失業問題は存在しないとされていたことによる。

学校を出て、一時仕事がない人は、「失業」とは言わず、「待業」ということばを使う。「失業」は、資本主義に特有なものであり、社会主義では存在しないというマルクス主義のドグマがあったからだ。しかし、改革・開放後、「待業」と「失業」は本質的には変わりがなく、両者が同じ性質を有していることが明確になった。

遅れた法整備

中国の労働制度は旧ソビエトのそれをモデルとして形成されたものである。政府の労働管理機関が、中、高、大学の新卒生を統一的に就職先を強制的に配分し、労働者は終身雇用の形式で就職先に固定され、従業員の「生、老、病、死」(出産・養育、老後、病気、死亡のこと)について、国の代わりに「単位」(就職先の職場、企業・事業団体)がすべて面倒を見てくれるというシステムである。「クビ」や辞職は極めて少ないケースであり、「単位」から離れると、社会で生きていけない状態であった。

改革・開放前は、国有企業は終身雇用制を実施しており、中途退職、失業はほとんど存在しない。失業することは、当時の中国では社会問題とはならず、失業保険制度の整備も、社会的なニーズがなかったのである。

しかし、一九七八年からの改革・開放以来、国有企業の労働制度の改革が始まり、八六年の労働契約制の導入によって個人は職業をかえることもでき、企業側も従業員を解雇することができるようになった。

そして、社会主義市場経済体制に向けて、国有企業の抜本的な経営体制の改革を行い、株式会社制度を導入し、多くの国有企業が民営化された。国有企業の民営化と同時に、企業の経営方針の転換によって、企業内の過剰人員に対するリストラを実行することになり、従業員を失業か、下崗させるケースが急増している。

こうした雇用制度の改革、終身雇用制の崩壊、および企業破産などの原因によって多くの失業者が出たため、八〇年代の後半から政府は、社会の安定をはかるため、社会保障制度の一環として失業保険制度を作る重要性を十分に認識した。失業に関連する法規を徐々に整備し、失業保険制度が形成されてきた。

失業保険条例の公布

八六年七月、国務院が「国営企業従業員の保険の暫定規定」(以下、「暫定規定」と略称する)を公布した。九三年四月、国務院は、待業暫定規定に対して改正を行い、「国有企業従業員の待業保険の規定」(以下、「待業規定」と略称する)を公布したが、九九年、「失業保険条例」(以下、「失業条例」と略称する)を公布し、「暫定規定」「待業規定」を廃止し、失業保険制度が正式に発足した。

各地方政府は、右記の失業条例に従って、地方に合った規則または施行細則を制定し、失業者に対して社会的な救済を行い、これによって失業保険制度が完全に整備された。この間の暫定的な失業保険制度から正式な条例までの制度内容の変化は次の二点である。

一つは、これまで失業保険の保険料は、すべて会社または団体の負担であったが、失業条例では、会社または団体の負担が倍に増え、個人も自分の標準賃金の一%を負担することになった。

もう一つは、失業保険の保険金の給付標準は、国務院の従来の方針を変えて、もっと幅広く、現地最低賃金以下、最低生活水準以上の間で保険金額を定めるということである。これによって、各地方政府は、現地の実情によって、上記二つの基準の間で保険金額を自由に定めることができるようになった。たとえば、上海市の場合、九九年二月現在、最低賃金は三二五元、最低生活水準は二〇五元であるが、失業救済金は両者の中間にあり、二四四元である。

対象者と給付

暫定規定、待業規定では、国有企業以外の労働者は、すべて対象外であった。またその対象者の範囲は、国有企業の破産による失業者、国の行政命令での企業解散による失業者、労働契約満期による失業者、企業の都合による辞職、除名者などであった（暫定規定2条、待業規定2条）。

失業条例は、失業保険の対象者範囲を、上記の国有企業以外の都市部集団企業、外資系企業（一〇〇％外資企業、合弁企業、合作企業、外国会社の子会社）、都市部私営企業およびその他の都市部企業まで広げている（失業条例2条）。

また、失業条例32条は、各省、直轄市、自治区政府が現地の事情によって、行政管轄区内にある社会団体の職員、民間事業団体、労働者を雇用している自営業者および被雇用者は失業保険に加入することができると定めている。

要するに、中国の社会保障制度は、「対象の範囲を広くカバーする」「低い保障水準」という原則で作られているが、失業保険にもその原則が反映されているのである。したがって、失業保険の対象者は、限定された国有企業の従業員から殆どの都市部労働者まで拡大されると同時に、保障水準は相対的に低下することになったといえる。

失業救済金の給付については、国務院の規定により、次のように定められている。失業前に、企業および本人の保険料の納付累計年数が一年以上五年未満の場合、最長一二カ月の失業保険金を受けとるすることができる。累計年数が五年以上一〇年未満の場合、最長一八カ月の失業保険金を受領することができる。累計年数一〇年以上の場合、最長二四カ月の失業保険金を受けとることができる。

各地方の規定は、国務院の規定とよく似ているが、若干違うところもある。北京市の場合は、一年以上二年未満の場合は三カ月、二年以上三年未満は六カ月、三年以上四年未満は九カ月、四年以上五年未満は一二カ月、五年以上は二四カ月である。

支給額については、国務院の失業条例では、各地方が現地の最低賃金以下、最低生活水準以上の間に支給額を設定すると定めている。したがって、各地方政府は、国務院の条例によって、失業保険金額を毎年公布する。地方によっては支給標準が若干異なるところがある。

主要都市（北京市、上海市、広州市、深圳市）と遼寧省を見ると、失業保険料の負担と保険金の支給は次のようになっている。まず企業負担の保険料は、広州市のみが国務院の標準をとっているが、その他は全従業員の賃金総額の一％である。本人負担の保険料は北京市が一人当たり月二元、遼寧省には規定がなく、その他は本人の負担はない。保険金の支給水準は、北京市が最低保障金の一二〇～一五〇％、上海市が市最低賃金の六〇～七五％、広州市が市平均賃金の三五～四五％、深圳市が市平均賃金の八〇％、遼寧省が最低保障金の一一〇～一八〇％である。

しかし、実際には、多くの企業が経営悪化のため、企業の保険料未納が多発している。そのため、失業しても失業保険金を受けとることができないケースもある。また、地方政府によっては、国務院失業条例の規定に従わずに、現地の最低生活水準より低く失業保険金の支給標準を設定するケースもある。

4　失業保険制度の問題点

このように、ごく最近になって、中国の失業保険制度は都市のほとんどすべての労働者をカバーする制度として整備されてきたばかりであり、その給付水準は最低生活費に近いもので、広く、浅い制度が特徴となっている。しかし実際にこの制度が十分機能するかどうかは今後の制度内容の充実にかかっている。

中国の「大失業時代」は今後もＷＴＯ加盟後の体制への移行とともに、構造調整の一環として、早くとも二〇一〇年の「社会主義市場経済体制」の確立期まで継続するであろう。この構造調整をスムーズにするために、失業保険制度は摩擦防止の役割を果たすことは確かであろうが、雇用問題を解決するには、不十分であることは論をまたない。

究極的には、高成長による新規雇用の創出こそが失業問題を解決する鍵である。だからこそ中国は二〇一〇年までの一〇年間で、さらにＧＤＰ二倍増計画を立てているのであり、高成長による失業の吸収こそ中国の基本国策となっているといえる。

そのためには産業構造の転換が必要であり、とりわけ、過剰な第一次産業や第二次産業から比重の低い第三次産業への転換が必要である。この面では、失業ばかりではなく、転換のための再就職訓練といった政策が一体的に進められなければならない。

高失業率の長期化

人口圧力の下、都市では新規の求職者が毎年千万単位で増加しているが、その受け皿として供給される新規雇用の増加は数百万単位である。

労働・社会保障省は、外資の進出増加や高い経済成長の持続などを理由に、今後は新規雇用が増えると楽観的に予測している。これによれば、毎年新たに増加する雇用数は約八〇〇万人分である。しかし、同じ労働・社会保障省の別の予測データによると、今後の一五年間、毎年の一八歳年齢層に属する人口（大学進学者を除く）は一〇〇〇万人を超える。しかもこの中には、既に失業している者（下崗者を含む）や、これから国有企業のリストラによって失業または下崗が見込まれる者は含まれていない。労働・社会保障省の予測はかなり楽観的なものと思われ、現実はもっと厳しいと予想される。

さらに、新規雇用が少ないにもかかわらず、農村の余剰労働者の都市部への出稼ぎブームが長期化・恒常化しているため、都市部の失業者の間では就職競争が今後一層激しくなることが予想される。

『香港経済日報』は、九八年十一月、「来年は二三〇〇万人を超す失業」として、翌九九年の中国都市部失業状況を予測し、失業源のうち、既存の下崗者六〇〇万人（九八年四五〇万人）、失業登録者六二〇万人（九八年五六〇万人）、新規の下崗者三〇〇万人（九八年三〇〇万人）、新卒の求職者二七四万人（九八年二二一万人）、政府機関改革リストラ三〇〇万人（九八年二一人）、農村から都市部への流入者三〇〇万人（九八年三〇〇万人）、合計二三九四万人が失業するとみている。

こうした状況からみると、再就職できる失業者または新規採用される者の数は、毎年の実質失業者の増加数より少なく、少なくとも今後一五年間で高失業率という厳しい状況が改善される兆しは見えない。

（沙　銀華）

第五章　労災保険（「工傷保険」）

1　制度の確立と現状

労働災害保険制度（以下、「労災保険」と略称する）は、「中華人民共和国労働保険条例」によって設立され、その後、五八年の「従業員の定年に関する暫定規定」、および七八年の「労働者の定年退職に関する暫定規定」の中で、二回にわたって一部を改正された。

この制度が適用される対象者は、国営企業、公・私合営企業、合作経営企業および私営企業などの従業員である。こうして作られた労災保険制度は、労災適用の範囲、労災の認定基準、労災補償の給付、待遇、職業病の防止、職業病の補塡基準などの確立によって、労働災害に対する保険システムを完成した。しかし、この労災保険のシステムは、五〇年代から作られた労働保険制度（老齢退職年金、医療保険、出産育児保険を含む）の一部をなし、独立の制度ではなかった。

社会主義計画経済のもとで作られた労災保険制度は、建国後の数十年間、国営企業の従業員と都市部集団企業の労働者の労働災害および職業病に対して、労働災害が発生した時、または職業病に罹った時に、労働者の生活保護の重要な社会保障としての役割を果たしてきた。

改革・開放後、市場経済化とともに、計画経済を代表する全民所有制企業（国有企業）、「城鎮集体所有制企業」（都市部集団企業）と私営企業、外資系企業など多種の所有形式の企業が併存する局面を迎え、国有企業の終身雇用制は、人材の流動や労働契約制を導入することによって、終止符を打たれた。その変化に応じて、社会主義計画経済に対応する社会保険制度である労働保険制度も変化が迫られた。

労災保険に関する改革は中国の「労働法」（九四年）の公布により始まった。労働法70条は、「国は、社会保険事業を発展させ、社会保険制度を確立し、社会保険基金を設立し、老齢、病気、業務に起因する負傷、失業および出産等の状況において労働者に援助および補償を得させる」と規定している。また、同法は、「第六章労働安全衛生」52条から57条で、労働安全の制度、労働安全施設の基準、労災事故の処理などについて、初めて法的規定を定めている。

九六年八月十二日、労働省は、労働法に基づいて、「企業従業員労災保険試行規定」（以下、「労災規定」と略称する）を公布した。現在まだ、労災保険制度の試行段階であるが、数年後、正式な労災保険制度を公布することが見込まれている。

労災と職業病

改革・開放後、労災事故の発生率は一時的に急増した。とくに九〇年代前後は史上最悪の記録を更新した。

九三年から九七年の五年間の政府統計データを見ると、九三年の死傷事故は二万七四五八件、死亡者一万九八二〇人、重症者九九〇一人、九四年は二万五三七〇件、死亡者二万三一五人、重症者九一〇三人、九五年は二万一〇一三件、死亡者二万五人、重症者八一九七人、九六年は二万八六五件、死亡者一万九四五七人、

労災事故により死亡人数と重傷人数

単位：人

	国有企業		都市集団企業		農村企業		外資系企業		私営企業	
	死亡	重傷	死亡	重傷	死亡	重傷	死亡	重傷	死亡	重傷
1993	7,062	6,819	2,635	1,391	6,973	1,266	173	131	1,108	141
1994	7,235	6,017	3,049	1,222	6,524	1,141	291	292	1,369	228
1995	7,053	5,335	2,753	1,093	6,178	908	207	266	1,654	310
1996	6,560	4,480	2,456	908	6,114	878	239	346	1,605	355
1997	6,237	3,715	3,114	864	4,165	626	206	391	1,701	295

出所：『中国労働統計年鑑』各年度号より。

重症者七二七四人、九七年は一万八四三九件、死亡者一万七五五八人、重症者六一九七人となっている。労災による死亡・負傷事故の発生件数は年々下がっているが、死亡人数は発生件数と同じようには下がっていない。

また、労災による死傷事故の発生件数と死傷人数を、最近五年間の企業別データで見ると、国有企業では死傷者数は少しずつ減少している。また、都市部集団企業では、死亡者数が小幅に増加しているが、重傷者が減っている。農村企業（郷鎮企業）では、死亡者数と重傷者数の両方が年々減っている。外資系企業は死亡者数と重傷者数の両方とも増加する傾向が強く、私営企業でも両方が増加している（上表参照）。

このような公式データのほかに、しばしば深刻な労災事故が発生している。たとえば、九八年、経済特区深圳市では、労災の死亡者は八〇人以上であり、平均して四日半に一人が労災により死亡していることがマスコミの調査で報道されている。また、九八年の一年間に同市で労災認定機関が確認した労災による負傷事故は一万二八一九件にものぼり、負傷後の後遺症の程度を分類すると、後遺症が一〜二九％残ったのは一万三三六人、三〇〜四九％残ったのは五三三人、五〇〜一〇〇％残ったのは四七二人で、後遺症が残らなかったのは八四八人であった。

負傷者は一日平均で三〇人以上に達し、労災の九割以上は手、腕などの切断事故ということであるが、死傷者の多くは、農村からやってきた出稼ぎ労働者で、労災事故は、台湾、香港系企業や個人経営企業で多発している。

職業病の現状についての政府の公式データは見つからないが、深圳市の職業病に対する調査結果から見ると、工業企業九五八二社、作業員一三三万五〇〇〇人のうち、有害・有毒物質を使用する企業は四〇三一社で総数の四二・七%を占め、有害・有毒環境で作業する労働者は一一万六〇〇〇人で総労働者人数の八・七%を占めている。急性・慢性職業的中毒件数は六九件あり、中毒者数は三七一人、その中で死亡者は二三人である。経済発展地域において、従業員の労働環境は決してよくないことが分かる。

2 労災保険制度の内容

労災保険内容は、労災事故の結果によって、主に次の四種類に分かれている。

負傷、傷病　労災事故が発生し、負傷者を出した場合、解決しなければならないことは、労災の判定、被災者の治療、被災者が就労できないときの生活保障、被災者が家族経済の支える地位にある場合の家族収入源の確保などの問題である。

労災保険制度は、第一に、労災の発生、規模、被災者の傷害を受けた程度に対して、判定し、その災害の程度によって労災保険制度がどこまで適用されるか、労働関係機関が判断し、救済措置をとるというシステムになっている。

第二に、被災者に対する治療活動を行い、治療に関係する費用は労災保険の救済に適用され、診察受付料、入院費用、医療費用、薬代、通院、入院のための交通費は労災保険が全額を支払う。

第三に、治療期間の所得について、労災保険制度は被災者に対して賃金の支給を一時的に停止し、その代わりに労災手当てを被災者に支給すると定めている。労災手当ては、労災発生前一二カ月の平均月給に照らし支給する。治療期間が満了し、または身体障害の等級（ランク）認定が確定した場合、労災手当ての支給は停止し、身体障害の等級（ランク）による障害待遇に従って支給する。

第四に、被災者は介護が必要である場合、労働鑑定委員会がその程度によって、全部介護、大部分介護、部分介護に認定する。介護補償給付は、認定したランクに従って、全部介護の場合、現地平均月給の五〇％、大部分介護の場合は四〇％、部分介護の場合は三〇％を月ごとに支給する。

身体障害

労働者が身体に障害後遺症を残した場合、各級の労働鑑定委員会は、中央政府が制定している「労災および職業病による身体障害の状況に対する査定標準」に従って、身体障害に対する査定を行い、障害のランクを認定する。1級から4級までは完全労働能力を喪失、5級、6級は大部分の労働能力を喪失、7級から10級までは一部労働能力を喪失となっている。

また、被災者に介護が必要な場合、前述のように、労災認定委員会は当事者に対する介護のランクを決定し、その介護ランクに従って介護補償給付を被災者に支給する。

被災者のうち1級から4級までは企業との雇用関係を終了し、労災慰安金および労災一時金を支給される。また5級から10級までは企業が適当な仕事を手配し、労災一時金が支給される。企業は、5、6級の被災者に仕事の手配ができない場合、労災慰安金を月ごとに支給する。

労災慰安給付（月支給）は、1級では本人月給の九〇％、2級では八五％、3級では八〇％、4級では七五%、5級では七〇%、6級では約七〇%。

労災補助一時金は、1級では本人月給の二四カ月分、2級では二二カ月分、3級では二〇カ月分、4級では一八カ月分、5級では一六カ月分、6級では一四カ月分、7級では一二カ月分、8級では一〇カ月分、9級では八カ月分、10級では六カ月分である（「企業の職員・労働者の労災保険試行条例」一九九六年八月十二日）。

死亡事故

労災事故で労働者が死亡した場合、労災保険制度によって、葬祭補助金、遺族補償給付、労災死亡補償一時金を遺族に支給する。

葬祭補助金の支給額は、省、直轄市、自治区の前年度平均月給の六カ月分を標準に支給する。

遺族補償給付の支給対象は、被災者が生前に扶養関係であった配偶者、未成年子女およびその他の親族である。配偶者に支給する遺族補償給付額は、省、直轄市、自治区の前年度平均月給の四〇%である。未成年子女に支給する遺族補償給付額は、一人につき、省、直轄市、自治区の前年度平均月給の三〇%である。その他の親族は、被災者の親、被災者と扶養関係がある親族であり、たとえば、被災者が扶養する祖父母、義理の親、養子などである。これらの親族に支給する遺族補償給付額は、省、直轄市、自治区前年度の平均月給の三〇%である。被災者が死亡した後、被扶養者が、年寄りの寡婦、鰥夫《やもめ》であるか、または、孤児になった場合は、省、直轄市、自治区の前年度平均月給の三〇%に加えて、さらに特別増額として一〇%を支給する。

ただし、この給付には二つの制限がある。一つは、給付対象者が給付条件を失った時点で支給が終了する。たとえば未成年者が成人したり、あるいは仕事を見付けた場合である。もう一つは、前述の遺族補償給付総額が被災者本人の賃金を超えてはならない。

労災死亡事故の遺族には、労災死亡補償一時金が支給される。この支給額は、省、直轄市、自治区の前年度平均月給の四八カ月分ないし六〇カ月分の間で決定される。

また、労働者が労災事故で障害を遺し、障害等級の認定を得て、労災慰安金を受けとり、その後に死亡した場合、前述の標準労災死亡補償一時金の半額が遺族に支給される。

職業病

職業病とは、労働者が生産労働およびその他の業務活動で、その職業特有の有害物質と接触し、誘発した病気である。

職業病の範囲は、衛生省の「職業病の範囲および職業病患者の扱い方法に関する規定」(一九八八年一月一日施行)では、国家規定の範囲について九種類を定めている。職業中毒、塵肺、物理的な要因の職業病、職業性伝染病、職業性皮膚病、職業性眼病、職業性腫瘍、その他の職業病である。

衛生省の「職業病診断の管理方法」(一九八四年三月十九日公布)によると、職業病の診断機構は、各級政府の職業病防止・治療機構、または各省、直轄市、自治区の衛生を管理する行政部門が指定する病院が職業病の診療責任を負う。

職業病診断機構または職業病診療指定病院が職業病を認定し、職業病の診断証明書を発行する。職業病患者は、その診断証明書をもって、職業病および労災保険に関する定めに従い、診療を受けたり、療養施設を利用するなど、職業病に関する待遇を受けることができる。

3　労災保険基金

労災保険料徴収の基準は全国統一されていない。労災規定には徴収の原則が定められている。すなわち、企業は従業員の賃金総額の一定の割合に従って労災保険料を納付し、従業員個人は労災保険料を納付しないという原則（36条1項）だが、詳しい基準は定められていない。

また、その「一定の割合」は、各地方政府が、地方の実状に従って、すなわち、現地にある各業種の死傷事故の発生するリスクおよび職業危険程度の類別によって、業種別に適用される保険料率を算定することを指す。地方政府の労働行政機関は、地方政府労災業種別のリスク分類、業種別の保険料率標準を、現地の死亡事故、職業病の統計データおよび基金総額に従って算定する。また、労災保険料はいったん決定すると、五年以内は変更することができない。

代表的な例として、四川省成都市の「企業従業員の労災保険に関する暫定規則」によると、業種別の保険料は五つの業種に分かれ、現地平均賃金で計算し、当該企業の賃金総額の一定割合で計算する。その料率は次の通りである。

・鉱山、坑道、採掘業、および燃料、爆薬、劇毒薬、放射線部品を取り扱う企業は二％
・鉄鋼、建築、交通、運送、化学工業、鉄道業などは一・三％
・機械、電力、農林、水利、地質、探査、石油、旅行業などは一％

・軽工業、紡績、電子、計測器、医薬、郵政、通信、食品業などは〇・九％
・商業、貿易、サービス、および行政管理機関などは〇・六％

他の省、市の業種分類は、成都市の分類とよく似ている。徴収方法は二つに分かれている。一つは、企業の従業員賃金総額を基準数として、一定の割合をもって徴収する方法である。もう一つは、成都市と同じように現地の市または、市と同レベルの行政単位の平均賃金で計算し、当該企業の賃金総額の一定割合を徴収する方法である。

たとえば、安徽省、海南省の場合は、業種によって従業員賃金総額の〇・五％から一・五％までそれぞれ徴収する。また、アモイ市は、市の平均賃金〇・五％から二・〇％まで徴収する。

また、一部の地方政府では、企業の経営者が安全作業のルールに違反した結果から労災事故が生じた場合、社会保険機構が被災者に支給した各種の労災給付金を当該会社から特別徴収金として徴収する。

労災保険基金の使用、管理　労災保険基金の八〇％は被災者に支給する給付金として使われ、一〇％前後は危機管理の引当金として積み立てられ、五％は管理費に支出されるが、その三％は事故予防の監察、二％前後は宣伝教育費用として使われている。

4　労災と職業病の予防

労働者の安全の立場から生産設備、施設、技術などの改善計画を立て、設計、検査を行い、保養を行う。とくに新しい設備や施設は、設計の段階から充分に労働者の安全を配慮すべきである。政府は、年度ごとに労災の発生しない企業や、労災や職業病の発生率が同業界の平均水準より低い企業に対して、一定の奨励金額を支給する。その金額は、当該企業がその年すでに完納した労災保険料の五%ないし二〇%に相当する。

従業員に対する安全教育の目的は、教育を通して、安全生産の知識、および安全操縦の知識を把握し、自覚的に安全知識を実際の労働生産に運用できるようにすることである。

労働管理の行政機関は、従業員に対する意識教育と技術教育の分野に分かれている。第一に、思想・意識教育であるが、これは、中国風の教育方式で、従業員に対する安全生産の意識教育である。法制教育と労働規律教育を含め、厳格に、安全生産の規定、ルールを遵守し、違反操縦、違反作業をしないよう教育する。従業員は「安全第一」というスローガンをよく理解し、安全生産の意識を持たなければならない。第二に、安全生産の技術教育であるが、これは従業員が生産技術および安全生産知識、専門性の高い安全技術を身につけるよう教育することである。企業の異なる種類の機械を操縦者が特定の操縦規定やマニュアル通りに、完全にかつ安全に操縦することができるよう教育し、違反操縦や操作をせず、安全に生産しなければならないことを教える。

また、事故防止の知識、緊急救護の知識なども教育の内容である。このような教育は、「三級教育」と言われているが、工場レベル、作業チームレベル、個人作業レベルの三段階に分け、労働者は各段階の教育を受け、操縦マニュアルに完全に馴染み、労災発生後の救急措置までをマスターしなければならない。

政府労働管理機関および業界団体は、全業界、または管轄内全ての企業に対し遵守すべき労働安全の規定、基準作り、共同遵守を求めている。また、各種の企業に対して、機械操縦に関する操縦マニュアルを厳格に定め、マニュアルに従って操縦することを厳しく管理し、措置をとるよう要求している。

また、中国の労働管理機関は、職業病を防止するため、生産技術・原材料の改善、従業員に対する労働安全教育、労働安全管理の三つに重点をおき、職業病が発生し易い生産現場の改善に取り組んでいる。

中国の場合、職業病の発生が多いところは、鉱山、化学産業である。各地方政府は、生産現場の環境改善や先進生産技術・設備を利用し、塵肺や水銀中毒など典型的な職業病の予防に取り組んでいる。具体的にあげると、

・生産技術、原材料を改善する
・工芸技術の改革、有害物質を散布する原材料を密封する施設を導入する
・生産自動化を目指す
・換気設備を設置するなど、換気を重視する
・労働保護用品を使用する
・熱源の隔離措置をする
・放射能がある工場に対し、保護措置をとる
・騒音・振動に対策を講じる
・合理的に照明を調整する
・法的労働時間を守り、残業を厳格に控える
・定期健康診断を行う

5 今後の課題

一部の外資系企業、私営企業、とくに中国南方各省の企業は、投資増額を抑えるため、労働者の労働安全環境に必要な設備の導入をせず、労働環境は安全基準よりかなり下回っている。

典型的な事例は、九六年、深圳市にある香港資本家が投資した合弁会社の火災である。火災は工場の建物で発生し、焼死者八四人、負傷者四六人が出る大惨事となった。火災発生時、工場内の窓は完全に閉め切られており、出入り口は一箇所しかなかった。そのため大勢の従業員が閉じ込められ、避難できず、犠牲になった。事故後の調査によると、工場には換気設備がほとんどなく、盗難を防止するために窓は全部閉じられ、完全に密封状態にあった。

中国労働安全基準は十数年前に行政機関が国有企業に対して通知したものであり、外資系企業に対する基準は法制化されていないため、拘束力が弱く、強制力が足りない。火災を出した合弁会社の経営者は、経営コストを切下げるため、労働安全設備には、できる限り投資しない方針であった。

今まで、労働安全の基準は各業界の主管部門から発布されたものであり、一部の企業、とくに外資系企業や私営企業に対しては拘束力が強くないため、従うかどうかはかなり自由になっている。しかも、監督官庁の監督管理が大変弱体化している。そのため、労働者の身の安全や労働環境について、労働安全基準の関連法の法制化が至急に進められるべきであることは、言うまでもない。

深圳市での労災多発発生の原因としては、「行政当局の監督不足」や「機械・設備や安全対策の不備」などが指摘されているが、「強制的な残業」も労災事故多発の主な原因の一つであることがわかっている。

労働安全基準の法整備はもちろん、中国の労働安全監督を担当している行政機関は、現行の労働法および労働安全に関する行政規定、条例、通知、行政指導などに基づいて、国営企業、都市部、農村部の集団企業、台湾、香港資本家などの経営する外資系企業、個人経営の企業に対して、労働安全設備の整備、労働者労働条件、環境の改善、労働安全監督を強化する必要がある。

（沙　銀華）

第六章　出産育児保険

1　制度の沿革と概要

中国の出産育児保険制度は、女性従業員が出産・育児をする場合、五六日の出産有給休暇と出産に関する医療費用を出産育児保険基金から全額を受給する制度として、五一年の『労働保険条例』に基づく社会保険制度の一環として発足した。

女性従業員に対して独立に労働保護に関する保障制度が作られたのは改革・開放後で、八八年七月、国務院が「女性従業員の労働保護に関する規定」（以下、「労働保護規定」という）を公布したことによる。

この規定は、女性従業員の労働権益、生産安全、身体健康および出産・育児の保護、または保障に関する比較的完備された行政法令である。同規定は、労働保険条例で定めた出産有給休暇を五六日より三四日増やして九〇日にし、適用される対象者の幅も広げた。注目されるのは、別の規定に従って作られた国家機関・事業体の女性公務員の出産・育児の労働保護制度も、企業の従業員の出産・育児の労働保護制度に統一されたことである。

九四年七月に公布された「労働法」では、女性労働者の労働権益を明確にし、出産・育児を含む労働保護制度の若干内容が条文化された。そして、同年十二月、労働省は「企業従業員の出産育児保険の試行弁法」(以下、「出産育児保険規定」という)を制定した。その時点から、女性従業員に対する出産育児保険制度が正式に導入されたといえる。

出産育児保険制度の改革は、八八年七月、国務院が労働保護規定を公布した時点から始まった。八八年以来、すでに二〇省の五二二市・県が、出産育児保険制度の改革を試み、全国の市・県総数の二一・七%を占めた。

こうした動きの中で、一部の地方政府は、労働省の出産・育児を含む労働保護規定に従って、地方政府の行政規定として「企業の従業員の出産育児保険規定」を設けた。九八年末現在、すでに出産育児保険制度が導入されている地方は、江蘇省南通市(八八年に制度導入)、江西省南昌市(九五年十二月二十八日)、福建省(九六年七月十日)、甘粛省銀川市(九六年十二月九日)、四川省成都市(九七年四月十日)、遼寧省(九七年六月十九日)、雲南省(九七年九月十六日)、遼寧省撫順市(九七年十二月二十三日)等である(カッコ内は規定公布年月日)。

2 一人っ子政策

中国の出産育児保険制度と計画出産政策(一人っ子政策)には密接な関係がある。計画出産政策のもとで、都市部の女性従業員のみならず、農村部の女性労働者も一定の出産・育児に関する社会福祉を享受できるが、その福祉と出産育児保険との間にどのような関係が存在しているのか、必ずしも明確ではない。したがって、まず、計画出産政策と出産育児保険との関係を明らかにする必要である。

一人っ子政策は、国の人口政策の柱として法文化されている。憲法25条では、「国は、計画出産を推進して、人口の増加を経済および社会の発展計画に適応させる」と定めている。また、婚姻法も、憲法と同様な規定をし、「夫婦双方は、いずれも計画出産を実行する義務がある」(12条)と定めている。

現行の制度は、国策である計画出産政策と密接な関係があり、出産育児保険に適用する対象者は、国の計画出産政策を守るかどうかに制約されている。計画出産政策を守り、つまり一人っ子しか産まない女性従業員は出産育児保険の対象者になり、出産育児保険制度で定める出産・育児の有給休暇、医療費用の受給などを受け取ることができる。換言すれば、前述の憲法、婚姻法の計画出産の規定に違反すると、現行の出産育児保険制度は適応されないことになる。これは、労働保護規定(一九八八年七月)15条で明確に定められている。

ところで、九四年、労働省より公布された出産・育児に関する法令である出産育児保険規定は、前記の国務院の労働保護規定と比べると、表現上微妙に違うところがある。

出産育児保険規定7条は、「女性従業員は、出産、流産した後、本人または在職中の会社が現地計画出産管理機関から発行する計画出産証明書および出生証明書、または死亡証明書、流産証明書をもって、現地の社会保険機構に手続きし、手当てを受けとり、立て替えの医療費を払い戻すことができる」とし、計画出産に違反した女性従業員に対して、直接出産育児保険が適用できないとは明文化されていない。しかし、当該条文の中では、間接的に適用できないことを示す文言が存在している。

この条文によると、女性従業員は、出産、流産した後、計画出産証明書等をもって、現地の社会保険機構から出産・育児手当てを受けとり、立て替えの医療費を払い戻すことができる、と明らかに規定しているが、そこで問題になるのは、「計画出産証明書」を発行する条件である。

中国行政法令によると、「計画出産証明書」は、地方政府の計画出産管理機関が女性従業員に対し、計画出産政策を守ったことを証明するため、発行する証明書である。計画出産政策を守らない女性従業員に対しては証明書を発行することができない。したがって、「計画出産証明書」を持たない女性従業員は、手当てを受けとることも、立て替えの医療費を払い戻すこともできない。言い換えれば、それらの女性従業員は、現行の出産育児保険制度の適用対象から外れ、出産育児保険が適用されないことになると判断されるのである。

中央レベルの法規制を見てきたが、計画出産政策に違反すると、出産育児保険の対象者にならないと解釈することができる。各地方政府、とくに、すでに出産育児保険を導入した各地方政府が、中央政府の関連規制に対して、どのように受け止めているか見てみると、およそ次に掲げる三つのタイプに分かれる。

①対象者から外すことを明らかに定めるタイプ

福建省は「福建省企業従業員出産育児保険の規定」を制定するのに際し、国務院の労働保護規定の規定に沿って、計画出産政策に違反するものを出産育児保険の対象者から外すことを選択した。同規定19条では、「女性従業員は、計画出産の規定に違反する場合、出産育児保険の待遇を享受することはできない」と明確に定めている。

②対象者から外すことを間接的に定めるタイプ

遼寧省、江西省南昌市および甘粛省銀川市は、それぞれの「企業従業員出産育児保険の規定」で直接禁止条文を設けず、計画出産の規定の遵守を出産育児保険の適用条件にして、間接的に違反者を対象者から外すタイプを選んだ。したがって、計画出産政策の違反者には出産育児保険を適用されない。

③対象者から外すことを定めないタイプ

唯一の例外は、四川省成都市が制定した「成都市企業従業員出産育児保険の暫定規則」である。当該規定では、直接的にも、間接的にも違反者を対象者から外していない。また、計画出産を遵守することを出産育児保険の適用条件として言及していない。こうした状況では、計画出産に関係なく女性従業員の全員が出産育児保険の対象者であると推定できる。

計画出産証明書の発行状況（『中国人口統計年鑑一九九八』）から見ると、五割を超える省レベルの地区は、北京（六一・七％）、上海（五九％）の二つの直轄市のみである。同じく直轄市である天津、重慶の発行率は、全国平均（二一・九六％）に比べれば高いが、四八％と三六％で、やや低い水準である。ということは、直轄市でも約半数以上の既婚女性従業員が計画出産証明書を有たず、出産する場合、出産育児保険の対象にならないと判断できるだろう。

また、経済特別経済区である海南省は六・四％、改革・開放がもっとも進んでいる広東省は九・四二％と全国の平均水準を大幅に下回っている。その他の省、直轄市、自治区は、三割前後が多い。それらの地区では、出産育児保険の対象から外れる既婚女性従業員の人数が、直轄市をはるかに超えていることが推測できるだろう。

この計画出産証明書の発行状況は、農村部の既婚女性人口を含む統計データである。直轄市の場合は都市部人口が多いが、それでも四割前後、少なくても三割前後の既婚の女性従業員が出産育児保険の対象から外れていると考えられる。

3　制度の内容

すべての既婚女性が出産育児保険の対象になるわけではなく、対象になるには条件がある。

第一に、都市部の企業や事業団体などに就職していることである。企業、事業団体と雇用労働契約関係を有する女性従業員、または国家機関の女性公務員は出産育児保険適用対象になる。

第二に、適法的な婚姻関係を有すること。婚姻法に基づいて、法定の結婚手続きをし、適法な婚姻関係を有する女性従業員および女性公務員は出産育児保険の対象になる。結婚に関する法的届け出手続きをしていないものは、出産育児保険を適用できない。

また、出産・育児有給休暇は九〇日を下回ってはならない（労働法62条）と法律で定められている。その法定有給休暇に基づいて支給する手当ては、対象者の在職している企業の前年度の平均月給を基準とし、出産育児保険基金から支給する。

経営状況のよい一部企業は、企業の業種、経済状況によって差はあるが、企業および女性従業員の家庭事情を配慮し、女性従業員に対する福祉待遇として九〇日の法定出産・育児有給休暇以外に、最長一年間までの育児休暇を与えるケースもある。もちろん、この育児休暇の間、有給であり、企業から手当てを支給される。その手当ては、当該企業の平均賃金の五割から八割に相当する。こうした企業側が独自で実行する育児休暇の経費負担については、出産育児保険基金が負担するのでなく、当該企業が負担することになる。

九〇日の法定出産・育児有給休暇について、出産時と出産前後の時期で使用することは法律で定められているが、特別の事情がなければ、有給休暇を繰り上げたり、繰り下げて使用することはできない。

女性従業員の出産に関する費用の受給も出産育児保険制度の主な内容である。出産に関する費用は、診察費、検査費、出産費、手術費、入院費、薬代などを含んでいる。出産に関わって本人が立て替えた費用は、出産育児保険基金から支給される。

4 保険基金の財源

出産育児保険制度の改革前は、女性従業員の出産・育児に関する給付を、すべて企業が負担していた。しかし、企業の業種、企業の経営内容、企業の存続年数、またはいわゆる企業の体質によって、その給付に大きな差が出てきた。

女性従業員の多い企業、とくに紡績業の企業にとっては、女性従業員に支出する出産・育児休業手当てが非常に多い。経営状況のよくない国営企業は、その負担が過大な重荷になり、採算をとることが困難になる。そのため経営難に落ち込む大型紡績国営企業が続出した。逆に、男性従業員が多い企業では、そのような悩みがない。

その企業間の差を取り除くため、出産育児保険も他の社会保障制度と同様に、各地方政府が出産育児保険基金を設立するようになった。

政府は、人口の急増をコントロールし、計画出産政策を遂行するため、政府の財政予算から計画出産に用する財政資金を拠出している。その一部は出産育児保険基金源として、出産育児保険基金に組み込まれている。

基金はこの制度を全社会に普及するために作られているが、主な資金源は各企業から徴収する保険料である。政府の基本原則は、「支出の実績によって徴収し、収支のバランスを取ること」である。その原則によれば、政府が毎年徴収する金額は、原則として前年度の賃金総額の一％前後である。ただし、前年度の支出総額に従って、若干の微調整をすることがある。

この保険料の徴収に際し、一つ重要な原則がある。それは、個人が負担しないという原則である。

基金は、労働・社会保障管理部門が統一的に管理・運用する。それらの管理機構を維持するのに必要な経費は基金から拠出する。その上限は、基金総額の一％以内に控える。拠出した経費は管理機構の人件費、事務・管理費用に使用する。

基金の運用については制限がある。唯一の運用方式は、銀行に普通預金として預金することである。預金より得た利子は基金に組み込まれる。

中国の人口問題については国連も多大な関心を持ち、総人口を抑えるため資金援助などのバックアップをしている。その援助資金の一部は中国の計画出産政策の宣伝費、国民に対する教育費として使用され、大部分は中国の内陸部の貧しい農村地域に医療施設を整備するために使用されている。こうした国際援助資金は、間接的に出産・育児保険制度をバックアップする役割を果たしており、女性労働者の健康保護に役立っている。

5　出産・育児休暇と労働権利

女性従業員の出産・育児に際して、関係法令は、労働の権利、雇用の確保、または賃金収入の面で、次のような保護措置をとっている。第一は収入保障である。現行の制度は、出産期間に出産・育児休暇を与える以外に、法律で女性従業員の妊娠期間内に賃金を減らしてはならないと規定している。また、賃金を保障するため、次に掲げる具体的な措置を講じている。

①妊娠している女性従業員を過激な肉体労働に従事させたり、残業させることを禁じる。

②妊娠後、妊娠前の業務を執行できない場合、労働強度を軽減するか、またはその他の軽い仕事に従事させなければならない。

③妊娠七カ月以上の女性従業員を夜間の仕事に従事させることを禁じ、かつ、早産、流産を防止するため、労働時間内に一定の休憩時間を設け、その休憩時間は賃金をカットしない。

④妊娠している女性従業員が勤務時間内に産前検査を行うことを許可し、その時間は普通の勤務時間と同じように取り扱い、有給である。

第二は雇用保障である。中国の労働法および労働関係行政規定などによると、企業は、女性従業員の妊娠、出産、授乳期間内に、失業・下崗させることはできない。とくに、契約制社員の場合、妊娠、出産、授乳期間内に企業側が労働契約を解約することはできない。

第三は出産・育児救済措置である。政府は、就職をせず、かつ経済力のない、または一時的に職場を失った妊婦および産婦に対して、出産・育児救済措置をとっている。これらの対象者は、一定の条件を満たせば、一定の救済給付を支給される。

出産育児保険は社会保障の一種であるが、保険の対象者になるには条件がある。問題になるのは、完全に社会保障でカバーされていない無職既婚女性、または出産育児保険対象外の女性従業員である。これに対して、政府の衛生部門、計画出産の行政部門は生命保険会社と提携し、半分は救済措置、半分は商業保険の角度から、出産育児保険の対象外の者を対象とする「母子健康平安保険」など生保会社の保険商品を発売している。出産育児保険が適用されない者にとっては一つの備えであるといえる。

6　国有企業改革との関係

この数年間、国有企業の改革について大変難しい問題がある。それは、大量に出る深刻な失業・下崗の問題である。非公式な発表では、現在、失業率（下崗率を含む）は一〇%を超えているといわれる。その急増する失業率の背景には、国有企業改革中の大幅な人員削減（ほとんど下崗）と、それに加えて九八年以降の中国版バブル経済の崩壊による民間企業のリストラがある。

女性従業員の就職難

こうした下崗による人員削減、リストラの中で、女性従業員がその対象になっている割合は男性従業員よりはるかに多い。その原因は、女性従業員には出産・育児期間があり、労働能率が低下せざるをえず、企業は経営上まず女性をリストラ対象者とするからである。

妊娠期間には、女性従業員に指定する業務、またはして欲しい業務が執行されない可能性がある。言い換れば、完全に一人前の仕事をさせることができない可能性がある。これは企業の経営側にとって、経営上不採算なことであり、新社員の募集でも女性社員の人数ははるかに少ない。

中華全国総工会による六六〇社に対するアンケート調査では、「男女共に適切な職種で男性のみ募集し、女性を募集しない原因は」という質問に対して、八八・二％の企業が、女性労働者は妊娠・出産・育児休業があると回答した。また、九一年、山東省内のリストラを実施する大、中、小の国有企業二〇社に対して訪問調査を行ったところ、それらの企業で下崗になった女性従業員は下崗総数人数の六四％を占めていた。また、下崗のうち七〇％の女性従業員は、妊娠中または育児休業中であった。

下崗は、従業員の解雇、いわゆる労働（雇用）契約を解約することではないため、企業側が女性従業員を下崗させるのは、前記の雇用保障の法規制に違反することにはならないのも問題である。

なお、業種別に見た女性従業員の割合は、衛生・スポーツ・社会福祉が五六・三％、卸・小売・飲食が四六・八、公共事業・サービスが四六・七％、製造が四四・五％、教育・文化芸術・放送・映画が四二・一％、金融・保険が四一・三％、農林水産が三七・三％、不動産が三五・一％、科学研究・技術サービスが三四・〇％、電力・ガス・水道が三一・八％、交通・運送・航空と郵政通信が二七・五％、採掘が二五・九％、地質査察・水利が二五・三％、行政機関・政党・社会団体が二三・四％、建築が二〇・〇％、その他が四一・一である。平均すると女性従業員の割合は三八・八％になる（『中国労働統計年鑑一九九八』中国統計出版社、一九九八年十月）。

全国統一の出産育児保険制度が実施される以前は、女性の下崗の出産育児保険制度に対する権利を保障することは難しかった。下崗の対象者になると、企業側から出産・育児休業給付を支払われないケースが大変多く、女性従業員が出産育児保険に関する基本権利を享受できる保障がなかったのである。

統一出産育児保険制度を実施した後、このような問題が大幅に改善されたことは間違いない。しかし、新しい問題がまた出てきた。たとえば、経営破綻し、企業や、破産寸前の企業は出産育児保険基金に保険料を納入することができない。そのため、出産育児保険基金を運用する社会保障管理機構は、保険料を納入しない企業に在籍している下崗の女性従業員に、出産育児保険に関する給付を停止処分するケースがしばしば発生している。

下崗中の女性従業員と企業との関係は大変微妙であり、企業側がそれらの従業員を企業の福祉などを適用する対象者から外し、すでに退職した者と同様に取り扱うというケースも増えている。

計画外出産　計画外の出産とは、政府の計画出産委員会の許可を得ずに、計画出産政策に違反し、二番目、または三番目の子供を生むことをいう。国家計画出産委員会は、「計画出産政策違反者」（以下、「違反者」という）を対象に計画外の出産費を徴収する管理規定を設けている。それが、「計画外出産費の管理規則」（一九九二年三月五日。以下、「管理規則」という）である。

管理規則によれば、計画外出産費の徴収対象者に対する徴収基準は、各地方政府が現地の事情に従って規定する。また、その基準は、省、直轄市、自治区レベルの地方政府の財政機関および物価を管理する機関の審査を経て、省、直轄市、自治区レベルの政府の許可を得ることが必要である。

徴収基準について、上海市の例を挙げると、「上海市計画出産条例（第二回改正）」（一九九五年六月十六日、改正公布）では、計画外で出産した違反者に対して、次に掲げる処罰を加える。

①出産に関わるすべての費用は、違反者の本人が負担しなければならない。また、一人っ子が成年まで

に享受できる医療保険費、および一人っ子の場合に免除される保育園・幼稚園の保育費、すべてが自己負担になり、第一番目の子を出産したときに支給された一人っ子奨励金も返却しなければならない。

②計画外の第二番目の子を出産した違反者夫婦に対して、前年度の市平均年収の三倍の計画外出産費を徴収する。

③計画外の第三番目以上の子を出産した違反者夫婦に対して、前年度の市平均年収の四倍から六倍の計画外出産費を徴収する。

違反者が計画外出産費を納付する期限は三年以内である。一年目の納付額は、総額の四〇%を下回ってはならない。また、滞納が生じた場合、一日あたり〇・〇五%の滞納金利を追徴する。

企業は、在籍の従業員の違反行為に対して、上級主管機関や行政部門からの行政処分を受け、罰金を取られることがある。その代わり、企業は、当該従業員に処分を加えることができる。従業員の福利である住宅を当事者に配分しないなど、その他の従業員の受ける福利を与えないという処分もできる。

7 制度のあり方

中国人口の増加曲線は、二一世紀前期に徐々に緩和され、横ばいになってゆくと予想されている一方で、人口の高齢化が急速に進んでいくと見られる。

中国の出産育児保険制度は、「人口抑制政策」(一人っ子政策)を効果的にするための制度としての性格をもってきた。通常人口増加は、国民経済が一定の発展水準に達すると、増加率が低下するが、それまでは人口増加と成長のジレンマが続くといわれる。中国は、そのジレンマを「一人っ子政策」で乗り切ろうとする政策をとってきた。そして、この二〇年間、人口増加率の抑制と高成長を達成することに成功してきた。しかし、この問題は老齢人口比の増加という新しい難問を徐々に生み出している。

中国において、七割強の女性は農村に居住している。農村の社会保障改革は、中国社会保障改革に対して大変重要な意味がある。しかし、農村では出産育児保険制度をほとんど導入していない。沿海地域の豊かな農村地区のみ、農作業をする女性労働者に一定の福利を与えているだけである。たとえば、地方の町村または村民委員会（地方自治組織）が出産に関係する入院費、医療費に一定の補助を支給することがある。しかし、内陸部の農村地域には、沿海地域の農村地区との経済格差が大きく、そうした余裕のあるところはほとんどない。

農村への出産・育児に関する社会保障制度の導入に関して、著名な社会学者費孝通は、国、社会（地方自治組織や農村部企業など）、個人の三者が共同で資金を調達し、農村部の地方政府を単位にする出産育児保険基金を作るべきであるという提言をしている。こうした提案を実現するためには、数多くの課題を乗り越えなければならない。まず、国の財政予算や地方財政および郷鎮企業の援助はどこまでできるか？　貧しい農村は、個人の生活費の確保が大変であり、ぎりぎりの生活費から保険料を捻出することができるのか？　こうした課題は、なお、非常に不透明な状態にある。

しかし、中国の人口問題を考える時、農村のもつ重要性は非常に大きい。農村に出産育児保険制度を導入し、普及していくことは、二一世紀中国の社会形成にとって重要な意義をもつ。その意味で、たとえ実現が困難であっても、そうした方向へ歩を進めることが肝要であろう。

（沙　銀華）

第七章　農村の社会保障

農村の社会保障は都市に比べて、ほとんど整備されていない。五〇年代から今日まで、農村で一貫して実施された社会保障は社会救済のみである。農村協同（合作）医療は五〇年代に設けられたものの、八〇年代の農村経済体制の変化により、解体の危機に陥っている。農村の老齢年金保険は八六年から一部の農村で実施するようになったものの、まだ全体的に制度化されていない。

中国は一二・五億の巨大な人口を有し、そのうち九億人が農村に居住している。この巨大な農村人口が社会保障から取り残されている。二一世紀の中国社会の未来像である「社会主義市場経済体制」の支柱の一つは、「共同富裕」を支える社会保障制度の確立であり、それによって社会の安定を固めることが課題とされている。そのためには、社会保障の広大な空白区をいかに埋めていくか。これが二一世紀中国の大きな課題の一つをなしている。

都市に比べて農村の社会保障は内容が乏しく、その水準も非常に低い。改革以前の農村の社会保障は、①農村社会救済（一九五〇年設立、対象者は自然災害による貧困者で、財源は国家財政、主管は内務省）、②五保戸（一九五六年設立、対象者は労働能力のない者と身寄りのない者、財源は村の公益金、主管は人民公社）、③農村協同医療

（一九五九年設立、対象者は加入者全員、財源は個人と集団による出資、主管は人民公社）、④優待扶恤（一九五〇年設立、対象者は軍人及び家族、財源は国家財政、主管は民政省）の四つの保障内容によって構成されていた。そして農村の社会保障の柱といえる生活保護制度（五保戸）と協同医療を支えてきたのは集団経済（人民公社）であった。

改革以降の農村社会保障には、一般貧困世帯救済、医療保険、老齢年金保険という新しい内容が付け加えられ、保障内容は若干充実した。しかし、その一方、八〇年代の農村改革の変化により、集団経済は弱体化の傾向にあり、そのため、集団経済に支えられてきた生活保護制度と協同医療が深刻な資金不足に陥っている。これからの農村の社会保障はどういう方向に向かっていくのか、社会救済、老齢年金保険と協同医療の三点を中心に考察する。

1 社会救済

これまでの農村の社会救済は、主に「貧困救済政策」（扶貧政策）と「生活保護制度」（五保戸制度）を通して実施されてきた。

農村における貧困救済活動は主に三つの段階を経過している。

第一段階（七八〜八五年）では、まず国務院は甘粛省の定西、河西と寧夏の西海などの最貧困農村地域に対し、貧困救済活動を行った。その結果、農村における絶対貧困人口はもとの二・五億人（農村人口の三一％）から一億二五〇〇万人（農村人口の一四・八％）に減少した。

第二段階（八六〜九三年）では、国務院は八五年に三三一（県級単位は約二三〇〇なので、全体の約一四％）の貧困県（うち、少数民族貧困県は一四二）を認定し、具体的措置として、就業救済や免税、数十億元の資金投入を行い、同時に「衣食向上基金」（温飽基金）と「未発達地区支援のための発展基金」も設立した。そして、八六年には、「貧困地域経済開発指導委員会（領導小組）」を発足させ、貧困地域に対し、一層の改革措置と優遇政策を講じ、国が指定した三一八の重点貧困県、省・自治区が指定した三七一の貧困県に対し援助を行った。さらに、九二年には、民族地区に「新規発展資金」「少数民族地区郷鎮企業専用利子つき貸付金」「民族取引と民族用品生産のための専用利子つき貸付金」を設けた。その結果、農村における絶対貧困人口は、従来の一億二五〇〇万人から八〇〇〇万人（農村総人口の八・八％）に減少した。

第三段階（九四年〜）では、政府は「八・七貧困救済攻略計画」を実施し、「九四〜二〇〇〇年の七年間で、農村貧困人口の衣食問題を基本的に解決し、現在国が重点的に支援する五九二の貧困県の貧困問題を基本的に解決する」ことを国家の戦略的目標として掲げ、貧困救済の活動をさらに強化した。その結果、九五年時点で、農村の絶対貧困人口は六五〇〇万人に減少した。

基本方針と具体的措置

貧困救済は、基本的に一家を支える労働力の死亡、事故、病気などにより、所得が減少し、基本的生活の維持が困難となった貧しい農村世帯を対象とする。救済活動は、個人の自立を第一に、集団による助け合いを第二に、国による救済を第三にという基本原則のもとで展開する。ただし、経済発展が立ち遅れ、集団組織による救済が不可能な地域においては政府による救済を優先する。

毎年、政府による貧困救済資金が多く投入されているが、問題の根本的解決には至っていない。これまでの政府の貧困救済政策を見ると、政策の重点はいつも救済に置かれ、貧困防止は重視されなかった。政府は民政省を通して、貧困地域へ資金、食糧、衣服、薬を送ることだけに集中し、貧困地域の開発にはあまり取り組んでこなかった。その結果、貧困救済はいつも生活苦を一時的に緩和するにとどまり、貧困を根本から無くすには至らなかった。

そこで、政府は、これまでの救済型政策を開発型政策へと方針転換をはかった。開発型貧困救済は、資源開発、商品生産の発展、生産条件の改善、自己発展能力の向上を通して、貧困からの脱却を目指すというものので、政策の重点は、根本から貧困をなくすことに置かれている。

中国の貧困地域は主に中西部に集中しており、五六〇〇万人の貧困人口の多くが中西部に居住している。国家「八・七貧困救済攻略計画」で、重点的支援を受ける三二七の貧困県のうち、西部地域が一六五県と全体の五〇・五％を占めている。

西部（四川、広西、貴州、陝西など）貧困地域の多くは山地、辺境区、少数民族地域で、自然条件や環境に恵まれず、生産条件、生産環境が極めて悪く、貧困世帯の割合は二〇・七％にも達している。また、同地域には、郷鎮企業もあまり発展していない。東部地域の農民所得のうち、郷鎮企業から得られた所得は全体所得の七〇％〜八〇％を占めるのに対し、中西部地域農民の郷鎮企業から得られる所得は、全体所得の二％前後に過ぎず、九〇％以上が家庭農業経営所得によって占められている。

さらに、農村の社会総生産のなかで、第一次産業は四六・三％と全国平均水準よりも二〇％高い。第一次産業のうち、農業、耕種業の所得は農民一人当たり純所得の六〇％以上を占めている。耕種業の所得のなかでも、食糧所得が七〇〜八〇％を占めている。さらに、西部農村の老齢人口の経済所得は全国平均（九六年時点で、全国平均は一九二六元）を大きく下回っている。年間所得が一〇〇〇元以下のものは八〇％以上にも達し、三〇〇〇元以上のものは一％も満たない。西部にある四川、広西、貴州と陝西四省の農村老齢人口に対して行った調査では、老齢人口におけるエンゲル係数は六〇％以上に達し、貧困状態にあることが明らかとなった。

政府は貧困救済の重点を、経済発展が遅れている旧革命根拠地（老解放区）、少数民族地域、辺境地域に置き、これらの地域を救済するための生産助成金、救済金を国家計画予算に組み入れている。また、東部と西部の格差是正の政策として、西部地域で社会救済と社会互助の充実を柱とする社会保障を完備していく方針を明らかにした。さらに、重点救済地域に指定された江西省の井岡山地区には、八六年以来、合計五六人の工作団を派遣し、一三五〇万元を投入して、井岡山市、永新、寧岡、蓮花、遂川などを含む同地区の経済開発を支援した。政府は貧困脱出策として、貧困地域に次の九つの措置を講じている。

第一は、耕種業、養殖業と農産物を原料とする加工業を大いに発展させることである。これらの産業は必要とする投資額が少なく、しかも成功率が高い。誰でも成功可能な産業なので、交通が発達しておらず、技術や人材も不足している貧困地域にとっては、有効な貧困脱却産業であるとされる。

第二は、各地域のそれぞれの事情に適した措置をとることである。

①耕地やその他の資源が豊富である地域では、資源の十分な利用と開発を通して、貧困からの脱却を実現する。

②人口が多く、資源が不足している地域では、計画的に都市への労務提供を行い、出稼ぎで稼いだ資金で同地域の発展を促す。

③基本的な生産及び生活条件が厳しい地域では、農民自身の意志を尊重した上で、開発型転居を行う。

第三は、貧困救済資金投入を増加することである。

①中央の貧困救済資金投入を増加する。貧困救済資金は中央が農村の貧困人口の衣食問題を解決し、貧困地域の社会経済発展を支援するために設けられた専門基金である。なかには、経済未発達地域を支援するために設けられた発展資金、「三西」農業建設のために設けられた専門補助資金、新規財政貧困救済資金、就業救済資金と貧困救済専門貸付金が含まれている。

経済未発達地域を支援するために設けられた発展資金と新規財政貧困救済資金は、主に、貧困地域の農業、畜産業の生産条件の改善、多角経営の発展、郷村道路の建設、義務教育の普及、農民の技術訓練、伝染病の予防に使われている。「三西」農業建設のために設けられた専門補助資金は、財政省が制定した『「三西」農業建設専門補助資金の使用管理方法』に基づいて運用される。就業救済資金は、主に県・郷道路（省道、国道は含まない）の建設と貧困救済開発プロジェクトと関連のある道路の建設、耕地建設、耕地灌漑と排水建設、人・家畜飲水の解決に使われる。貧困救済専門貸付金は、主に農村貧困人口の衣食問題を直接解決するに有利である耕種業、養殖業と農産物を原料とする加工業に使われる。

中央の貧困救済のために投入した資金額は、九六年に一〇八億元、九七年に一五四億元、九八年に一八三億元と年々増加している。

②地方政府の貧困救済活動への投入資金を強化する。これまで、貧困地域への資金投入は主に中央が行い、地方政府の投入は少なかった。このような状況を改善するため、中央政府は地方政府の国定貧困県への貧困救済投入資金が中央の同資金総額の三〇％～五〇％に達しなければならないとの規定を打

ち出した。陝西、甘粛、寧夏、青海、新疆、内モンゴル、雲南、貴州、四川、重慶、チベット、広西の一二の省・自治区は、地方の貧困救済投入資金として、中央の同資金総額の三〇%～四〇%、黒龍江、吉林、河北、河南、山西、湖北、湖南、江西、安徽、海南の一〇の省は同四〇%～五〇%を投入しなければならない。地方の投入資金が中央が定めた比率に達しなかった場合、中央の同地域への貧困救済投入資金は次年度から大幅に削減される。

第四は、貧困が集中している地域で大型開発プロジェクトを実施することである。政府は貧困救済活動を国家の大型区域開発プロジェクトと結びつけて考え、貧困地域で優先的に水利、交通などのインフラ建設と資源開発を行う方針を「九・五計画」のなかで、明確に打ち出した。九六年、新規プロジェクトのうち西部地域が四三・七%を占めた。

第五は、次のような優遇措置を講じることである。

①貧困世帯に対し、食糧の契約上納任務を免除する。
②貧困救済開発の特殊性または必要に応じて、貧困救済貸付期限を延長し、抵当と担保条件を緩める。
③貧困世帯に対し、農業税条例の関連規定に基づいて、農業税と農林特産税を減免する。
④貧困県で創設された新規企業に対し、三年間の所得税を免除する。
⑤国家の「貧困救済攻略計画」で定められた優遇政策を二〇〇〇年まで引き続き実施する。

第六は、貧困地域へ工作団を派遣することである。中央政府は、党・政府機関の幹部が貧困地域に行って、現場で貧困救済や地域開発を指揮することを貧困救済活動の重要な一環と位置づけ、地方政府に実施を呼び掛けている。これまで、全国で一〇万人にのぼる各級党・政府機関の幹部が貧困地域に派遣されている。

第七は、東部発展地域の中西部貧困地域に対する支援強化である。国務院は、北京、天津、上海の三つの直轄市、経済が発達している沿海の六つの省、四つの単独計画都市（計画単列市）が西部の一〇の貧困省・自治区を支援していく方針を決めた。具体的に、北京が内モンゴルを、天津が甘粛を、上海が雲南を、広東が広西を、江蘇が陝西を、浙江が四川を、山東が新疆を、遼寧が青海を、福建が寧夏を、深圳、青島、大連、寧波が貴州を支援する。チベットと三峡ダムへの支援は中央のこれまでの方針に従う。支援に当たっての具体的措置と方針はそれぞれの関係する省・直轄市が自ら決める。

第八は、貧困県の党・政府機関による高級自動車の購入、ホテル、高級接待所、オフィスビルの建設や幹部への携帯電話の提供、県から市への昇格を禁止することである。

第九は、科学技術による貧困救済と計画出産の強化である。八六年、国務院は貧困地区経済発展指導委員会を設置し、全国の貧困地域の経済開発活動を指導し、貧困脱出のための一連の政策制定や企画を行った。さらに、政府は貧困救済の一環として、「科学技術による貧困脱出」（科技扶貧）、「教育による貧困脱出」（教育扶貧）、「希望工程」といった活動を展開した。民政省と中国科学協会は、八五年に「科学による貧困救済工作を推進することに関する通知」を公布し、八六年には密雲県などの一五の県を科学による貧困脱出試行県に選定した。八九年には同試行県が一〇二県にまで拡大した。

「教育による貧困脱出」の実施に当たっては、政府はまず貧困地域の教育条件の改善、義務教育の実施、入学適齢児童の入学促進などの面に力を入れ、貧困地域への投資を拡大し、教育事業の発展を支援している。現在、一一六にのぼる貧困県で教育による貧困脱出試行が行われている。貧困地域の教育支援の一環として、さらに「希望工程」という活動が全国で展開された。これは授業料が払えない貧困地域の児童を再び学校に行かせるために、社会全体が支援していく偉大な事業である。「希望工程」は八九年の秋に始まり、九二年の「百万愛心運動」(百万人にのぼる学業中断児童に愛の心を捧げる運動)でピークに達した。九二年時点で、希望工程基金は五三〇〇万元に達し、一五万人の学業中断児童に学習の機会が与えられ、また、四九カ所で「希望小学校」が建設された。

このように貧困問題に精力的に取り組んだ結果、貧困人口は九〇年の八五〇〇万人から現在の五八〇〇万人に減少した。農村の貧困生活救済対象者数は八五年の三八〇〇万人から九五年の二八七三万人に減少した。

エンゲル係数と農村貧困線

FAO(国連食糧農業機構)はエンゲル係数に基づいて、貧困と富裕の基準をつぎのように定めている。それによると、エンゲル係数が三〇%以下は上層水準(非常に富裕)、三〇~三九%はゆとりのある生活水準(富裕)、四〇~四九%はややゆとりのある生活水準(小康)、五〇~五九%はかろうじて生活できる水準(衣食充足)、六〇%以上は絶対貧困である。

表1は、九七年の各地域農村家庭の一人当たりの年平均純所得と生活消費支出をまとめたものであるが、それを見ると、全国の農民一人当たりの年平均所得は二〇九〇元、東部沿海の経済が発達している地域では二〇〇〇元を上回り、上海は五〇〇〇元を超えている。しかし、中西部の貧困地域の農民一人当たりの年平均所得は一〇〇〇元を少々超える水準で、エンゲル係数は六〇%を上回っている。

国連の基準に照らして見れば、上位二ランクの上層水準とゆとりのある生活水準に達している地域は中国にはまだない。第三ランクのややゆとりのある生活水準(小康)に達している地域も北京、上海、江蘇、浙江、新疆の五つの地域に限られている。多くの地域は第四ランクと第五ランクの生活水準である。現在、第四ランクのかろうじて生活できる水準(衣食充足)にある地域は一九の省・自治区・市で、第五ランクの貧困にある地域は七の省・自治区・市である。

八五年、初めて国家統計局による農村貧困線が発表された。その貧困線は以下の三つの基準を参考に算出している。第一に、一日一人当たりの必要栄養量を算出する。算出した結果、中国の一日一人当たりの必要

表1　97年農村家庭1人当たりの年平均純所得と生活消費支出

	純所得	支出		エンゲル係数
			対純所得比	
全国平均	2090.13	1617.15	77.4	55.1
北京	3661.68	2692.62	73.5	44.8
天津	3243.68	1882.32	58.0	50.9
河北	2286.01	1394.81	61.0	50.3
山西	1738.26	1145.42	65.9	57.0
内モンゴル	1780.19	1559.59	87.6	55.9
遼寧	2301.48	1790.22	77.8	55.4
吉林	2186.29	1623.83	74.3	55.1
黒龍江	2308.29	1549.10	67.1	54.8
上海	5277.02	4227.90	80.1	41.5
江蘇	3269.85	2487.74	76.1	48.9
浙江	3684.22	2838.97	77.1	48.5
安徽	1808.75	1336.57	73.9	56.5
福建	2785.67	1994.26	71.6	55.2
江西	2107.28	1569.16	74.5	58.7
山東	2292.12	1626.27	71.0	53.6
河南	1733.89	1270.52	73.3	54.6
湖北	2102.23	1660.13	79.0	55.9
湖南	2037.06	1815.79	89.0	59.4
広東	3467.69	2617.65	75.5	52.3
広西	1875.28	1375.66	73.4	58.1
海南	1916.90	1287.03	67.1	63.0
重慶	1643.21	1389.99	84.6	65.8
四川	1680.69	1440.48	85.7	62.4
貴州	1298.54	1065.70	82.1	69.6
雲南	1375.50	1318.07	95.8	62.1
チベット	1194.51	805.26	67.4	66.2
陝西	1273.30	1215.49	95.5	52.8
甘粛	1185.07	976.27	82.4	57.5
青海	1320.63	1085.38	82.2	66.3
寧夏	1512.50	1249.57	82.6	55.8
新疆	1504.43	1395.03	92.7	48.0

注　：生活消費支出には、食品、衣服、居住、家庭設備及びサービス、医療保健、交通、通信、娯楽が含まれている。
出所：『中国統計年鑑 1997 年』により作成。

栄養量は二四〇〇キロカロリー、最低限の生活でも二〇〇〇キロカロリーである。しかし、肉体労働をする農民は最低でも一日一人当たり二一〇〇キロカロリーが必要とされる。第二に、一日一人当たり二一〇〇キロカロリーを摂取するには、食料品をどれくらい要するかを計算する。その結果、九四年における農村住民の最低食費は一一九・七三元となった。第三に、エンゲル係数を調べる。農村の消費構造などについて調査を行った結果、農村貧困住民の生活費に占める食費の割合（エンゲル係数）は六〇％以上であることが明らかとなった。

以上の三つの基準に基づいて農村貧困線を算出した結果、八五年の農村貧困線は一人当たりの年間所得が一九九・六元であった。貧困線の計算方式は、

貧困線＝最低食費÷エンゲル係数（60％）＝119.73÷60％＝199.6元

である。農村貧困線は物価の上昇や経済の発展水準によって毎年調整される。八五年に一一九・六元であった農村貧困線は、九〇年には三五〇元、九二年には三八〇元、九五年には五三〇元と、物価の上昇水準や経済の発展水準と連動して調整されている。

最低生活保障制度

農村貧困線は、農村貧困救済を行う際に欠かせない重要な参考指標である。しかし、各地域における物価水準や経済の発展状況が異なっているので、国が定めた統一の農村貧困線基準では、すべての貧困をカバーすることは不可能である。また、国家の貧困救済資金は国が重点的に支援する貧困県（国定貧困県）のみに使用され、非貧困県のなかに分散している貧困郷、村、世帯と省・自治区・直轄市が指定した貧困県は、各地方政府が責任を持って解決することになっている。このような中央政府がカバーできない貧困問題を解決するため、各地方政府は独自の貧困対策として、最低生活保障制度

を導入した。

最低生活保障制度は、九三年に上海市が最初に実施した。上海市の経験をもとに、政府は九四年に第一〇回全国民政工作会議を開き、最低生活保障制度の必要性を全面的に唱えた。さらに九七年には「二九号文書」を公布して、全国各地での全面的実施を呼び掛けた。現在、全国の四〇〇の都市（四の直轄市、一八七の地級市、二〇九の県級市）、四〇〇〇余りにのぼる県の農村で、最低生活保障制度が実施されている。

では、農村最低生活保障ラインを設定する際、どのような要素が考慮されているのか。

第一に、一人当たりの平均消費水準と基本生活費が考慮される。現在、農民の住宅問題は基本的に解決されているので、主に衣食の需要が考慮される。一人当たりの年間の平均消費水準と基本生活費の算出が必要となる。第二に、農村経済の発展水準、主に当該地域の一人当たりのＧＤＰと農民一人当たりの純所得が考慮される。第三に、地方財政と村集団経済の実力が考慮される。第四に、物価指数の変動が考慮される。

現在の農村の実態から考えれば、最低生活保障基準を農民一人当たりの純所得の二八％前後（この数字は、九六年に国が定めた全国農村貧困線基準と農民一人当たり純所得の比より少し高い）に設定するのが適切であるが、経済が発達している地域では同二五％、経済が発達していない地域では同三〇％に設定するのが適切であるとされている。

では、最低生活保障制度の実施に必要な財源はどこから賄うのか。省・市・県・郷の各級政府財政と村民委員会が負担するケースが一番多い。郷村経済が良好である地域では、主に、郷鎮と村民委員会が負担し、郷村経済に余裕のない地域では、主に省・県・郷が負担し、郷村の経済が平均水準にある地域では、主に、県・郷・村が負担する。省・県・郷が共同で負担する場合、負担率の配分は２：４：４であり、県・郷・村が共同で

表2　一部農村地域における最低生活保障ライン制度の実施状況

		農民1人当たり年平均所得（元）	最低生活保障ライン基準（元／年）	保障金額（万元／年）	保障金負担の配分（%）				保障対象の農業人口に占める比率（%）
					市	県	郷鎮	村	
浙江省	鄞　県	3,200	800 700 600	114.9		35	35	30	0.55
	東陽市	2,870	940	149.0		45	28	27	0.80
山東省	平陰県	1,750	450	39.8		40	60		1.56
	淄博市臨淄区	2,030	650	36.7		25	30	45	0.60
	萊州市	2,628	560	150.0	10	20	30	40	0.85
	招遠県	2,418	600	51.9	10	20	30	40	0.40
	煙台市芝罘区	2,822	600	4.0	10	30	40	20	0.14
	膠州市	2,218	960	257.3	10	30	30	30	1.20

注　：1人当たりの年平均所得が最低生活保障ライン基準を下回った場合、救済対象に認定される。
出所：『社会保障制度』（復印報刊資料）、1997年5月号、c41（隔月刊）。

負担する場合は、負担率の配分は3：3：4である。

最低生活保障基準は、以上の要素を考慮して、県政府が制定する。保障基準の調整は毎年民政省と財政、統計部門が具体的実施案をまとめ、政府部門が許可して初めて実施される。最低生活保障制度が適用される対象は、①労働力の不足により、所得が増えず、生活が困難に陥った家庭、②災害、病気及び身体障害によって、生活が困難に陥った家庭、③労働力も収入もなく、法定扶養者もいない老人、未成年者及び身体障害者、④国の政策規定に基づく「要救済」の者である。この制度の適用対象者のうち、病気、身体障害が原因で貧困に陥った比率は全体の五〇%に達している。

ちなみに、都市部の最低生活保障制度

は、①所得、労働力または法定扶養者がいない場合、②失業保険期間が満了しても再就職ができず、家庭一人当たりの所得が最低生活保障基準を下回る場合、③在職者がいる家庭で、賃金または退職金が支払われていても、家庭一人当たりの所得が最低生活保障基準を下回る場合、④災害による暫定的な生活困難者と、国が認定した特殊保障対象者に適用されている。なお、昔に比べて、保障対象の範囲は大幅に拡大している。

生活水準が最低生活保障基準以下の者に対しては、次のような救済措置がとられている。

第一は救済金の支給である。一つは所得が保障基準額より少ない場合、その差額を補助する方式。もう一つは最低生活保障基準を下回った世帯に対し、いくつかの等級に分けて、定額補助を行う方式である。

第二は一定額の救済金と食糧の支給である。救済金は県・郷鎮が責任を持ち、食糧は村、郷が責任を持って実施する。現在、全国でこの方式をとる地域が最も多い。

第三は義務労働、学費雑費、医療費の減免などの優遇政策を与えることである。もちろん、表2で示されているように、各地域が定める最低生活保障基準は、各地域の経済発展状況によって異なる。

資金管理では、県が資金を集中して統一管理するケースと各級政府がそれぞれ分割して管理する二つのケースがある。分割管理の場合、県が負担する部分は県が管理し、郷村が負担する部分は郷村が管理する。農村最低生活保障制度は、過去の国の臨時救済と集団補助を主としていた低レベルの農村保障制度の改革、保障内容の拡充、保障水準の向上に大きく貢献している。

生活保護制度

生活保護制度は、農村の貧困救済政策の一環として五六年に設けられた。六〇年四月十日に開かれた第二回全国人民代表大会で採択された「五六～七六年の全国農業発展要綱」で定められた文書によると、生活保護者とは、農村に在住し、五つの保障制度（五保制度）によって生活が保障される世帯を指す。具体的には、労働能力を失い、所得も身寄りもない老人、病人、孤児、未亡人、身体障害者に農村社会が衣、食、住、教育、葬儀の五つを保障するものである。この生活保護制度は、貧しい人を救済するという面で多大な役割を果たしてきた。しかし、農村の経済構造の変化などにより、既存制度は現実に対応しきれなくなっている。

そこで、九四年一月二十三日、国務院は新しい「農村の生活保護者供給扶養工作条例」を公布し、生活保護対象者を、①法定扶養者がいない者、あるいは法定扶養者がいても扶養者に扶養能力がない者、②労働能力がない者、③所得がない老人、身体障害者と未成年、と定義した。また五つの保障内容を、①食糧と燃料の提供、②衣料、布団などの生活必要品と小遣いの提供、③基本的な条件が整っている住宅の提供、④医療サービスの提供と一人では生活ができない者へのヘルパー派遣、⑤葬儀の保障、と規定した。

この「条例」は前回の「要綱」より、保障内容においてかなり充実したものとなっている。ただし、生活保護者の資格審査は厳しく、生活保護を受けられる人の数は減少していく傾向にある。現在、全国にある生活保護世帯は三一九万世帯、生活保護者数は三八七万人となっている。

生活保護者の老後の生活を円滑にするため、多くの郷鎮では敬老院を設け、彼らを施設に収容して、集団で面倒をみている。現在、全国で農村敬老院は四万カ所あり、延べ五六万人が収容されている。敬老院に収容されている老人に対し、当該地域の村は、規定に基づいて、一定の食糧や油、現金を支給し、また、村の留保金と地方財政からも一定の補助を行っている。

地域によって、生活保護者の年間一人当たりが使う金額は異なるが、経済が発達している地域では大体一〇〇〇元前後となっている。江蘇省は三〇〇〇カ所（郷の設立が一九八〇カ所、村の設立が一〇二〇カ所）の敬老院があり、五万二〇〇〇人が収容されている。年間一人当たりに充てられる金額は一一〇〇元である。同省は、敬老院のなかに娯楽施設も設けている。

しかし、全体から見た場合、経済の未発達という制約要因もあって、敬老院などの福利施設が整備されていない地域はまだ多く存在している。青海省の場合、農村にある敬老院の数はわずか一四〇カ所（二〇八一人の生活保護者を収容）、福利院は五カ所（二〇〇人の孤児、障害者を収容）に過ぎない。しかも、施設は五〇、六〇年代に設立されたもので、設備の老朽化とサービスの低下が深刻化している。

在宅サービスは、基本的に村が近隣の人に頼んで、世話をするという措置方式である。最近では、村政府が請負人に一定の請負金を支払い、請負人が生活保護者の世話をするといった措置方式が普及してきている。在宅サービス措置の場合、年間一人当たりに充てられる金額は六〇〇元前後である。

財源　生活保護制度の財源は、一般に村の公益金からなるが、主に、村留保または社会統一徴収費で賄っている。その総額と一人当たりの負担額は八五年が一七三億六〇〇〇万元と二〇・五〇元、九〇年が三七二億五一〇〇万元と四一・一五元、九四年が四九八億九九〇〇万元と五四・五二元である（『アジア経済』一九九八年一月号）。

しかし、長期にわたる貧困地域と自然災害地域には、国から一定の補助金が支給される。生活保護者への救済基準は、彼らに所得源が全くないことから、一般の農民家庭の生活水準よりやや高く設定されている。生活保護制度の財源については、「農村の生活保護者供給扶養（五保供養）工作条例」で、次のように規定している。「生活保護者に対する供給扶養は、農村の集団福利事業であり、農村の集団経済組織が必要な経費と実物を責任をもって提供しなければならない」。また、「農民の費用負担と労務管理条例」でも、「郷と村の公益金は生活保護者の救済に使用しなければならない」と規定している。つまり、生活保護制度に必要な財源は集団経済が賄っている。しかし、八〇年代からの農村経済体制の変化によって、集団経済は弱体化しつつあり、生活保護制度は深刻な資金不足に陥っており、制度の維持が困難に直面している。

「民政事業発展『九・五』計画と二〇一〇年の長期目標要綱」のなかで、「二〇一〇年までに、最低生活保障制度を全国の都市、農村で基本的に確立し、同時に生活保護者への支給基準の低すぎる問題をも解決する。生活保護者への支給基準の年平均増加率を六％下回らないようにする。また、敬老院を多く発展させ、二〇〇〇年までに敬老院の普及率八〇％を達成する」という方針が打ち出された。

しかし、具体的にどのような方法で、こういった目標を実現するかは、必ずしも明確でない。最近では、福利工場（身体障害者が働く場所で、税金を収めない）に力をいれ、それで財源の不足を賄う地域も現れている。しかし、すべての地域がその方法でうまくいくとは考えられず、また、集団経済が弱体化しつつある実態を考慮すれば、制度の維持には、国の一定額の財政投入が必要となるであろう。

2 農村老齢年金保険

家庭内の老人扶養機能の後退

中国の伝統的な家庭による老人扶養は、旧中国から現在まで三つの時期をへて変化してきた。解放前の旧中国社会では、老人は長老として、富、知識、権威及び「先祖」のシンボルと見なされてきた。儒教的な長幼秩序意識が広く浸透していたので、子供たちが老人の面倒を見ることが当然のこととされ、親に対する絶対的な服従が要求された。

新中国の成立から改革・開放政策が始まるまでの時期では、家庭による老人扶養の伝統は依然として維持されているものの、家族平等、男女平等という考え方が浸透しはじめた。そのため、老人の地位はかつての絶対的権威から普通の家庭の一員に下がった。それに伴い、親との別居が増えるようになり、家庭による老人扶養に変化が現れはじめた。改革・開放以降になると、子供の数の減少や家族観の変化によって、子供は親との同居、老人扶養を重大な負担と考えるようになる。

さらに一人っ子政策の実施に伴い、農村でも出生率が低下し、核家庭が増えてきている。七八年の一世帯の人口数は五・七四人であったが、八八年には四・九七人、九三年には三・七人となっている。九五年の調査では、江蘇省の家族平均人口は三・四一人で、九〇年より〇・四五人が減少した。この調査には都市部の数字も含まれている。将来の中国の「四・二・一」家庭構造（一人が六人の面倒を見ることになる）は、子供の負担を重くさせ、将来の家庭による老人扶養に黒い影を落としている。また、一人っ子政策で、子供が家庭で大事にされるため、「小皇帝」になり、老人を尊敬するという伝統的な美徳が彼らの心から消えつつあるのも事実である。

『中華老年報』によると、山西省の関係部門はここ四年間、老人を絡む家庭紛争を二万件も仲裁している。上海市は毎年同様の案件を六〇〇〇件も処理するという。九六年以降、扶養問題で起きる家庭紛争は急速に増えている。家庭による扶養を拒否される老人の数は年々増加の傾向にある。そのうち、高齢、多病、無収入、無配偶の老人と農村に居住している老人が大半を占めている。農村の家庭請負制が実施される以前は、生産隊が子供の労働点数から一定の点数を控除して老人に分け合い、老人の一定の所得を確保してきた。だが、現在は集団経済が弱まりつつあり、老人保護の面で過去のように強い権力を行使することはもはや不可能となっている。

老人扶養のあり方

第四回（九〇年）人口センサスでは、農村の六〇歳以上の老齢人口は七一八五万人と農村総人口の七・九％を占めた。農村老齢人口は毎年三％というスピードで増加し、二一世紀の二〇～三〇年代には農村総人口の二二％～二四％を占めると予測されている。

農村の老人扶養のあり方には次の五つの内容がある。第一は家庭による老人扶養である。これは生活、医療などのすべての面において、家族が面倒をみることをいう。

第二は自ら老後の面倒をみる。これは主に固定所得のある人、たとえば、郷鎮企業の従業員、耕種・養殖専門戸、手工業者などが自力で生活することをいう。

第三は集団による老人扶養である。これは集団組織が敬老院などの福利施設を通して、身寄りのない生活保護者の世話をすることをいう。

第四は社会による老人扶養である。これは経済が比較的に発達している地域、たとえば、蘇南、珠江デルタなどで実施されている農村の老齢年金のことをいう。これらの地域では五〇歳あるいは六〇歳に達した農民に対し、集団組織が一定額の生活費（老齢年金）を支給する。たとえば、株洲市郊外にある清水郷響石村では、七九年から農民の老齢年金補助制度を実施しており、一定年齢（男性六〇歳、女性五〇歳）に達した農民に対し、村の集団組織が月二五～三〇元の老齢年金補助金を支給している。北京市でも四〇％にのぼる郷が農村の老齢年金制度を実施している。

第五は、農村幹部に支給する手当で、集団の公益金から一定額が支給される。支給額は地域によって異なるが、一般に、経済が発達している地域の支給額は経済が発達していない地域より高く設定されている。たとえば、蘇南地域の村幹部への支給額は、蘇中と蘇北地域より高く、月一人当たり五〇元が支給されている。最近では、農村老人扶養の「三結合」(社会統合と個人年金口座と家庭による老人扶養との結合)が提唱されているが、具体的に、どうやってそれを実現するのか。

経済が発達している地域では、まず、郷鎮企業を発展させ、集団経済を柱とする老齢年金の社会統合メカニズムを確立することが重要である。一つの郷の人口を一〜三万人とし、その老齢人口の比率を一〇%とした場合、老齢人口の数は一〇〇〇〜三〇〇〇人になる。そして、一人当たりの老齢年金の社会統合費を二〇〜三〇元として計算した場合、郷鎮企業が老齢年金の社会統合費用として控除する額は毎年三〜九万元になる。郷鎮企業が発達している沿海地域などでは、この程度の控除は可能であろう。

次に、個人年金口座の設立が重要になる。個人年金口座は、個人の保険料の支払い意欲を刺激するために設けられた制度である。保険料は基本的に個人が支払う。保険料の支払い方法には、一括払いと年一回払いがある。

一括払いの場合、二〇〇〇元と二〇〇元の二ランクの保険料が選択肢として提供される。二〇〇〇元の保険料を支払った場合、二〇年後に、毎月一六〇元の老齢年金が受給でき、二〇〇元の保険料を支払った場合は二〇年後に、毎月四〇元前後の老齢年金が受給できる。それと同時に、老齢年金の代替率(老齢年金と現役従業員の賃金所得の比率)が三〇%を下回らないことが保証される。

年一回払いの場合、保険料は農民一人当たりの前年度純所得の二〜六%の範囲内で調整する。この場合、六一歳から、個人年金口座から代替率が二五%を下回らない老齢年金が受給できる。上記の二つの保険料の支払い方法のほかに、毎月払いと季節払い(年四回)の方法もある。

しかし、老齢年金保険がすべての地域で実施できるとは限らない。経済が発達していない地域では、郷鎮企業の発展も遅れており、また、貧困者も多く、生活は主に社会救済制度によって維持され、集団経済を柱とする老齢年金の社会統合メカニズムの確立は極めて困難である。明らかに、これらの地域においては、家庭による老人扶養が中心的な役割を果たさざるを得ない。

実施状況　八七年、民政省は農村の社会保障制度の試行を行うことを決定し、同時に「農村の老齢年金保険基金の使用問題に関する通知」「県レベルの農村老齢年金保険に関する基本方案(試行)」「農村の社会保障体系の形成を強化することに関する意見」「農村の社会保障制度の設立に関する指導方案」などの政策的文書を次々と公布した。九一年十月には、煙台市で「全国の農村社会保障試行工作会議」を開き、農村の社会保障問題に本格的に取り組みはじめた。

以上の政策的文書を取りまとめると、次の通りである。

第一に、農村の戸籍を持ち、かつ国による商品化食糧の配給がされていないものを対象とする。加入年齢は二〇歳~六〇歳とする。加入者が入学または農業人口から非農業人口への転化、戸籍の移動などの理由で、保険関係を変える必要が生じた場合は、これまでの保険契約を取り消すか、または保険関係を移動する手続きをしなければならない。

第二に、保険料は個人負担を主とし、集団補助を従とし、国は政策的支援(たとえば、郷鎮企業が税引き前に保険料の控除ができるようにするなど)を行う。郷鎮企業と事業単位は、保険料を従業員賃金総額の一〇~二〇%の比率で税引き前に控除しなければならない。保険料には、月額二、四、六、八、一〇、一二、一四、一六、一八、二〇元の一〇等級がある。どの等級の保険に加入するかは加入者自身が自らの経済状況に合わせて任意選択する。保険料の支払い方法には、月払い、季節払い（年四回）、年一回払いと一括払いの四種類がある。

第三に、加入者個人が支払う保険料と集団が支払う補助金は、ともに個人名義の農村老齢年金保険の専門口座に入れられる。

第四に、加入者は六一歳から老齢年金を受給することができる。老齢年金額は加入者が選択した保険等級によって決められる。加入者が六一歳になる前に死亡した場合、加入者へ支払うべき保険金は遺族や法定の受け取り人に支払う。

第五に、老齢年金保険料は県に設立されている農村老齢年金保険事業管理処が管理する。保険料の徴収機関として、郷鎮企業に管理処の管轄にある管理所を、村に取扱所を設置する。農村老齢年金保険に関する政策決定及びマクロ管理は民政省が行う。

第六に、老齢年金保険基金の価値維持と増加は、銀行の預金や国債の購入を通して実現する。

また、各地方では、中央の政策方針に基づいて、それぞれの地域の現状に適応する独自の政策的文書を公布している。上海市の文書では「一六歳～六〇歳の農林牧副漁業に従事する郷鎮企業の従業員あるいは個人は、保険会社に保険の加入を申請することができる。保険料は一人当たり毎月五元とする。保険料を五～九年間支払った場合、老齢年金保険として毎月一五元を受給することができる。また、一〇年目からは保険料の支払い期間が一年増えるごとに保険金が月一元増える。被保険者が保険期間（保険料の納付期間と保険金の受給期間）内で死亡した場合、保険会社は遺族に保険金として一〇〇元の葬儀費を支払い、保険責任を終了する」というより詳しい内容が定められている。

現段階において、農村の老齢年金保険の保険料は主に個人が負担しているが、リスクの回避、社会全体が助け合うという公的年金のあるべき姿からも、今後、国家と集団と個人との共同負担が必要となる。国家負担は財政から、集団負担は郷鎮企業の企業利潤または公益金から賄う。また、現在の農村の実態からすれば、国家と集団と個人の保険料負担率を1：2：3にするのが妥当とされる。

八六年から農村の老齢年金保険が実施されて以来、加入者数は年々増加し、着実に成果を収めている。九五年末までに、全国の二八の省・市・自治区、一六〇〇余りの県（市）の六〇〇〇万人が同保険に加入し、六七億二〇〇〇万元の基金が蓄積されている。

さらに九六年には一九八〇にのぼる県・市の七〇〇〇万人が同保険に加入し、一〇〇億元に達する保険料が徴収されている。

なかには、山東や江蘇省のような著しい成果を収めている地域も現れている。両省は九五年に一年間でそれぞれ四億と五億元の保険料を徴収した。これまでの積立金と合わせれば、両者の保険基金はともに一〇億元に達するという。上海市も八四万人（全体の六〇％）にのぼる農村人口が農村の老齢年金保険に加入しており、四億二〇〇〇万元にのぼる保険基金が蓄積されている。北京、雲南、海南、山西、浙江、黒龍江省などの省・市の老齢年金保険も順調に進められている。

しかしその一方、すべての地域がこのような農村の老齢年金保険を実施できるような経済的条件を備えているわけではなく、依然多くの地域、とりわけ中西部にある貧困地域では、こういった保険は全く実施されていない。農村の老齢年金保険を実施するには、一人当たりの年間所得が少なくとも七〇〇〜八〇〇元に達しなければ困難であることが最近の老齢年金保険の試行過程で明らかになった。経済が比較的発達している浙江省でさえ農村の老齢年金保険の実施率はまだ全体の五％にしか達していない。民政省は二〇〇〇年までに、一億二〇〇〇万人（農村人口の八分の一）に達する農村人口が老齢年金保険へ加入できるよう全力をあげるというが、状況はかなり厳しく、まさに、国民皆年金を実現するのは、遠い将来のことになろう。

扶養義務

私的扶養に依存せざるをえない中国農村では、扶養義務の履行を促すため、地方政府を保証人として、扶養内容などを定めた「老人扶養協議書」とか「扶養保証書」などが、老人とその子供との間で交わされている。

山西省平陸県東祁村では、老年協会と計画出産協会の立ち会いのもとで、全村の三四名の七〇歳以上の老人とその子供との間で養老協議書が結ばれた。さらに、毎年監督機関は監察の結果を総括し、その上で評価を行う。北京市、天津市や遼寧省などの省・市では、これをさらに進展させて、扶養内容と扶養の反対給付としての相続内容をともに明確に定めた協議の公証業務に関する条例の起草に着手している。

ここで、上海市郊外にある嘉定県を例に、その「家庭扶養協議書」の内容を見てみよう。

「嘉定県の光栄扶養老人協議書」では、「憲法、婚姻法、民法、相続法、上海市の老人保護条例に即し、老人の合法的権益を守り、尊老敬老という伝統的な道徳に従い、社会主義の精神文明建設を高め、老人が安心して老後を送れるよう、村民委員会と村老人協会が証人となって、扶養協議書を結ぶ」と書かれている。

扶養者は被扶養者に、第一に食糧、食油、燃料、小遣い、第二に自給田、自留地、第三に衣服、寝具、蚊帳などの日常的な生活に要する必要品、第四に居住用部屋と自炊できる台所、第五に介護、医療費の負担、第六に精神的扶養、第七に葬儀、その他、を提供しなければならない。被扶養者と扶養者は相互に署名をし、監督機関として、地域の民政・司法・老齢問題委員会が証人として公印する。

この措置は一定の法的拘束力を通して、「尊老敬老」という美徳を堅持させせようとするものであろう。しかしながら、一人っ子政策により生じる一人っ子に両親が二人、祖父母が四人という世帯間の構成は、子供の負担を大幅に増加させ、将来の家庭扶養問題に深刻な影響を与えることは必至である。扶養契約などの手段がとられていること自体が、伝統的な家庭による扶養の後退を立証しているといえよう。

中国の憲法、婚姻法では、親に対する子供の扶養義務を明記し、刑法では「老人扶養義務の保持者に対して、扶養を拒絶したものは五年以内の懲役、禁固や保護観察処分」を定め、また、相続法は血縁の有無に関わらず、被相続人に対する扶養の程度が相続権の発生、消滅理由になることを明確に認めている。

日本では、特に嫁の介護寄与に対する経済的評価の方法が確定されておらず、大きな問題となっているが、中国では、遺産相続を通じての扶養者に対する経済的な反対給付の道がすでに開かれている。九六年に公布した「中華人民共和国老人権益保障法」でも、「老人扶養は主に家庭に依拠し、家庭のメンバーは老人の世話をし、面倒を見なければならない」と規定している。

「開発途上の段階で高齢化問題に直面した中国では、社会保障や社会福祉のストックも財源も絶対的に不足している。そのために、福祉の発展に役立つ有効な社会的資源として、家族や親族、近隣関係、『孝』を尊重する伝統的な倫理道徳、高齢者マンパワーの存在に着目して、積極的に活用しようという姿勢が極めて強い。しかし、産業化の進展、家族構造の変化、住宅の建築様式の近代化、社会移動の増加、また介護期間の延長に伴う負担増などを考慮すれば、少なからぬ資源の枯渇状態が早晩訪れる」(松戸庸子「中国における高齢者福祉」『月刊福祉』一九九四年八月号)と考えられ、家庭による養老の強制的実施は現実的に多くの矛盾を含んでいる。重要なのは、経済成長を通じた財政収入の増大によって高齢者福祉支出を拡大していくことであろう。

3　農村協同医療制度

主な形態

農村の協同医療は、農民の互助共済の集団医療制度で、一九五〇年代の半ばに確立された。農村の集団経済の発展に伴い、協同医療制度も大きな発展を遂げてきた。協同医療の財源は、主に村または郷、鎮を単位に、農民が自主的に納める一定額と集団経済の公益金から支出される一定額の補助金からなる。協同医療に加入すれば、医療費の一部を協同医療が負担する。医療には主に「はだしの医者」(赤脚医生)があたり、医務室は生産隊に設けられている。一般に、軽い病気は生産隊の医務室で「はだしの医者」に見てもらい、中度の病気は公社病院で見てもらい、重度の病気は県(市)病院で見てもらうようになっていた。

六八年、毛沢東は湖北省の長陽県楽園公社が実施した協同医療を高く評価し、その経験を全国に推し進めるよう指示した。それをきっかけに、協同医療は全国で大いに発展し、七九年には全国の九〇％以上の生産隊が協同医療を実施するようになった。協同医療には四つの型がある。

第一は村弁村管(医療施設の開設と管理を共に村が行う)。この場合、医療基金の財源は、農民の全額出資か、または農民と集団経済の共同出資からなる。出資比率は集団経済の強弱によって変動する。集団の経済力が強いときは集団の出資率が高く設定される。医療費の管理と医療費基準の設定は村が行う。

第二は村弁郷管(医療施設の開設は村が、管理は郷が行う)。この場合、医療基金の財源は、農民個人と集団経済の共同出資からなる。医療基金は郷の衛生院あるいは協同医療管理委員会が統一管理する。医療費基準は郷と村が協議して設定する。

第三は郷村共弁（医療施設の開設と管理を郷と村が共同で行う）。この場合、医療基金の財源は、農民個人の出資金と村集団経済と郷の公益金から控除する一定額の医療基金からなる。基金は郷が統一管理する。郷と村の出資率は相互の協議に基づいて定め、医療費基準は郷が定める。

第四は郷弁郷管（医療施設の開設と管理をともに郷が行う）。この場合、基金の財源は、農民個人と集団と郷による共同出資か、または集団経済の単独出資で賄う。基金の管理や医療基準の設定は郷が行う。

協同医療は農村医療の発展に大きく貢献してきた。ところが、人民公社の解体、農村家庭請負制の実施に伴い、集団経済は弱体化しつつあり、集団経済の協同医療への投資額は大幅に減少し、協同医療の存続は厳しい状況に直面している。前述したように、七九年時点では全国の九〇%以上の生産隊が協同医療を実施していたが、農村の家庭請負制実施後の八九年には、全国でわずか四・八%の行政村しか協同医療を実施していなかった。その後、政府の呼びかけで、協同医療は少し回復したが、依然として全国行政村の一〇~一五%という低い水準にとどまっている。協同医療の危機はまた個人病院の乱立を助長している。協同医療が無くなった農村では、個人病院が数多く現れている。個人病院は農民の医療需要を満たすという面では積極的な役割を果たしている。しかしその反面、農民への医療費の勝手な徴収がひどく、農民の医療費負担増が深刻な問題として指摘されている。

全国一九の省・区におけるサンプル調査で、農村における慢性病の発病率は八六%、平均一人の農民が病気にかかる時間は一二日間以上、病気で休む時間は五日間以上であることが明らかとなっており、農村医療の需要の大きさがわかる。

しかし、現在の農村の医療状況を見ると、公費医療の享受者は五・九％、協同医療の享受者は九・四％、その他の医療保険制度の享受者は一・〇％で、八〇・九％にのぼる人が依然私費医療に頼っている。また、公的医療を受けるといっても、県レベルを含む農村の医療衛生施設は設備が老朽化しており、サービス水準も低下している。さらに一二・二％に達する農村には医療施設が全く設けられていない。八八年まで、全国農村に設けられた医療施設は、村レベルの衛生所三五万カ所（全体の医療施設の四四％）、郷鎮にある医師連合が設立した衛生所八六〇〇カ所（全体の一〇・五％）、集団が設立した衛生所三〇万カ所（全体の三七・七％）、国家衛生院が設立した施設は全体の八％である。また、これらの医療衛生施設に対する統一管理はまだできておらず、個人病院と同様医療費の勝手な徴収が氾濫している。

そこで、衛生省は農業省、財政省、国家医薬衛生管理総局、全国農業協同組合連合と共同で「農村協同医療章程（試行草案）」を公布し、農林衛生組織と協同医療制度に対し、全面的整頓と改革を行い、資金徴収方法を改めた。それと同時に、医療保険制度をも実施することを明確に打ち出した。山東省の招遠、福建省の泉州、吉林省の四平、湖南省の岳陽、甘粛省の皋藍などの地域では、協同医療保険を実施しはじめ、効果を収めたと伝えられている。

農村医療保険制度

協同医療が農村医療の発展に貢献した部分は大きい。しかしその反面、協同医療制度には様々な限界が露呈されている。なかでも、基金不足による保障水準の更なる低下という問題が深刻さを増している。

協同医療を実施している地域の医療基金の状況を見ると、年間農民個人の一人当たりの医療基金への出資額は一〇～二〇元前後で、集団経済による出資額も極めて少なく、医療基金は深刻な不足状態にある。医療費基準は集団の経済力と農民の出資状況によって決められるため、年間一人当たりの出資額一〇～二〇元と少額の集団による出資額では、基本的医療の保障さえ困難となる。

九〇年の上海市郊外の農民の医療費支出の状況を見ると、農民による医療費支出は二億二〇〇〇万元～二億七〇〇〇万元に達していた。明らかに、これは年間一人当たりの一〇～二〇元の出資額と少額の集団出資額で賄う協同医療基金では、とてもカバーできる数字ではない。上海宝山区では、九一年に二九〇の貧困世帯が現れたが、そのうちの五〇％が病気が原因で貧困になったという。一般に、村医務室で見てもらった病気（かぜや軽いけが）については、その医療費を協同医療が負担するが、その他の医療施設で見てもらった場合は、協同医療は一〇〇元を超えない額を負担し、超過した部分はすべて本人が負担しなければならない。

このような農村の協同医療制度の限界を乗り越えるため、医療保険制度を導入した農村もある。上海市金山県亭新郷は、八七年に農村医療保険制度を導入した。同郷はまず、「協同医療健康保険管理委員会」（メンバーは郷政府、県保険公司、衛生局）を設立し、その下に日常業務にあたる弁公室を設けた。

個人の保険料は世帯を単位に支払う。個人と集団の保険料率は、各村の経済条件に基づいて各村が設定する。保険料の支払い済みの被保険者には「医療保健カード」を交付する。保険料の徴収は各村が行い、それをまとめて「管理委員会」に上納する。「管理委員会」はそれをまた県保険公司へ引き渡す（年二回）。

保険料は物価スライド制の導入によって、ほぼ毎年変動している。八七～九〇年の間、保険料は月九元から、一三元、一六元、一九元と上方修正されている。うち、個人が六〇％負担し、集団が四〇％負担しているケースが多い。この四年間、保険料は一六九万元徴収されたが、医療費支出に一六二万六四〇二元が使われ、管理費に五万一六三九元が使われた。利息収入は一万七〇〇〇元であったという。医療保険制度の実施は医療の保障水準を確実に高めている。

上海市金山県亭新郷の場合、八七〜九一年の間、保険会社は一五八人に五〇〇元を超える医療費を支払い、七〇人にのぼる者には一〇〇〇〜五〇〇〇元の医療費を支払った。最高でも一〇〇元を超えない額しか負担できない協同医療と比べて、保障水準は確実に向上している。もちろん、様々な経済的制約条件があるため、医療保険制度を全域、とりわけ、経済が発達していない地域にまで普及するのは決して容易なことではない。

4 今後の課題

中国の農村社会保障について、今後の課題を二点にまとめたい。

第一は、農村の老齢年金制度が今後全農村世帯に拡大できるかどうかの問題である。

各国の老齢年金保険制度が設立された当時の一人当たりのGDP額をみると、米ドル換算で日本（一九七一年設立）が三八〇二ドル、デンマーク（七七年設立）が一万九五八ドル、フィンランド（七七年設立）が七一三二ドル、ポーランド（七七年設立）が一八二二ドル、スリランカ（八七年設立）が三六八・九ドル、アメリカ（九〇年設立）が二万一六九六・二ドル、カナダ（九〇年設立）が二万一八四一・八ドル、韓国（九四年設立）が八五六七・三八ドル、台湾（九四年設立）が一万一五〇二・七四ドルであった。

それに対して、中国では農村の老齢年金制度が本格的実施に入った九一年時で一人当たりのGDP額は三二四・三ドルである（九六年のGDPは六七四・四米ドル）。すなわち、中国の全体の国民経済水準はまだ低く、農民の所得は年金を積み立てるほどの余裕がない。したがって、現在のところ、家庭による老人扶養が依然として中心的役割を果たせざるを得ない。

農村の老齢年金制度が確実に整備されていくには、農村経済のさらなる発展、すなわち、農村の工業化と近代化が不可欠になる。それを実現して初めて、農村の社会保障の充実が可能となるであろう。

第二は政府の農村社会福祉事業への財政支出の不足問題である。八〇年～九四年の間、政府が民政福利事業のために支出した財政額は絶対額では二・二倍となった。しかし、同時期、国民総生産額は四五一七億八〇〇〇万元から四兆六四九五億八〇〇〇万元と九・三倍も増加した。

したがって、結果的に、民政福利事業への財政支出額の国民総生産に占める比重は八〇年の〇・一%から九四年の〇・〇五九%に減少した。これまで、農村の福利事業は、災害などの特別のケースを除いて、すべて集団経済が支えてきた。しかし、集団経済だけでは、現在急ピッチで進む農村人口の高齢化と家庭による老人扶養能力の後退という問題に対応しきれない。

農村福祉事業への対応策として、政府は政策的支援を強調するが、それだけでは不十分であり、一定の財政投入は不可欠であると思われる。そのためには、経済の高成長によって得た国民所得を享受している層からの財政調整によって、福祉基金の充実をはからなければならない。

（許　海珠）

第八章　最低生活保障制度

社会保障制度のうち、社会救済制度を拡充させて、全都市にわたる最低生活保障制度のネット・ワークづくり、すなわち、最低次の社会安全網の形成が始められたのは、九〇年代初めだった。この基層社会安全網の構築は、中共一五回大会における江沢民の報告で「都市の困難民の基本生活を保障する基本政策を実行する」という位置づけを得たことで加速された。その背景には、つぎのような社会事情がある。

まず、都市においても貧富の格差が拡大し、新しい貧困問題が登場したことである。九五年の国家統計局の数値によれば、最上位二〇%と最下位二〇%の所得格差は三倍、最上位一〇%と最下位一〇%では四倍となった。市場化に伴い、先に豊かになる階層が現れるとともに、競争から弾き飛ばされる社会的弱者層も出て来たのである。九五年の統計では、都市貧困家庭は全体の八・六%、二五〇〇万人にも及んでいる。

つぎに、生活困難な国有企業の従業員が激増したことである。九〇年代初めには、国有企業の従業員も既に都市貧困群の一つとなっていた。九六年には、国有企業は全体として赤字に転落し、破産、営業停止企業が四・六万、賃金支払い停止、減額を受けた従業員は四六九万人に及んだ。また、一五〇万余りの退職者も年金の支払い停止、減額を受けた。失業率は三・一%に上昇し、失業人口は五七〇万となった（『中国社会福利與社会進歩報告一九九八』）

さらに、九二、三年から九六年にかけて、物価が大幅に上昇したことである。都市住民消費者物価指数は九三年が対前年比一六・一％、九四年が二五・〇％、九五年が一六・八％と三年連続で二桁上昇となった。九五年の『一九九五社会青書』によれば、物価騰貴のため、大中都市の四〇％の住民の生活費が低下した。

制度の普及　都市住民の最低生活保障制度を最初に導入したのは上海市であった。九三年六月一日のことである。これをうけて早速民政省は全国の五七〇の市に対し、この制度を普及するよう求めた。民政相ドゥジツァイランは九四年の第一〇回民政会議で、「都市救済対象に対して、当地の最低生活保障線の基準にしたがって、逐次救済を実行する」ことを提起した。この後二年もしないで、アモイ、青島、大連、福州、無錫、広州などの大中都市が相次いで最低生活保障制度を導入した。

九五年一月の大連市政府のケースは、この時期にしては比較的完成された制度であった。「大連市企業従業員最低賃金基準と市内四区都市住民最低生活保障線の規定」を公布し、同年二月に「大連市市内四区都市住民最低生活保障線実施細則」を施行し、九五年の最低生活保障線を一四〇元と確定した。最低生活保障線より低い都市住民は戸主より所在の居民委員会に申請し、居民委員会を経て、区民政局に報告し許可を請ける。市民政局は統一印刷した「大連市社会保障金領取証」を発給し、毎月街道事務所が責任をもって社会保障金を給付する。この社会救済金は市財政の支出による。

さらに、特に九六年三月の全人代を通過した「第九次五カ年計画と二〇一〇年長期目標要綱」で、「九・五期間に逐次都市最低生活保障制度をつくり、都市の貧困人口の生活難を救済すること」が決定され、その普及が加速された。九六年末には一一六市に急増し、九七年五月末には二〇六市となって、全国の市の三分の一に達した。

九七年九月、国務院は「全国に都市住民最低生活保障制度をつくることに関する通知」を発した。そして、九九年末までに、「全国の全ての都市と県人民政府所在の鎮に最低生活保障制度をつくること」を明らかにした（『中華人民共和国経済史』五五〇～五一頁）。

この制度は、各地方政府がその地方に合わせて作っているので、それぞれ異なった個性と特徴をもっている。九七年三月時点では一六五都市だが、支給される金額で分類すると次の四つのグループに分かれる（『中国社会福利與社会進歩報告一九九八』、九九～一〇〇頁）。

第一グループは支給額が月一人二〇〇元以上のグループ。これは上海、広州、アモイ、深圳、珠海などの一五都市で、全体の八・五%を占める。

第二グループは一五〇～一九九元で、北京、杭州、福州、武漢、大連、温州など二九都市で全体の一八・二%である。

第三グループは一〇〇～一四九元で、重慶、長春、南京、常州、大慶など一〇九都市で全体の六六・〇%、最大グループである。

第四グループが九九元以下で、瀋陽、南昌、延安など一二都市で、全体の七・三%である。

大抵の都市は支給額を物価の上昇率に応じて調整するとしている。上海の場合だと最初の九三年が一二〇元であったが、現物支給も加算すると、九四年に一三二元、九五年に二〇〇元（現金一六五元と実物三五元）、九六年に二四五元、九七年に二六五元となっている。

資金源からみると二つのモデルに分かれる。一つは完全に市や区の財政負担による。このタイプは、大連、瀋陽、長春、昆明、長沙など八七都市で五三％を占める。もう一つは市、区財政と機関・企業・事業体の単位と分担する。上海、北京、広州、南京、杭州、南寧など七八都市で、四七％である。

この最低生活保障制度は各級政府、企業単位などから歓迎され、急速に発展した。九八年末には、六六八都市のうちの五八四都市で最低生活保障制度がつくられ、そのカバー率は八七・四％に達した。県レベルでは全国一六九三県のうち一〇三五県に都市最低生活保障制度ができ、全体の六一％に及んだ。

民政省はこの制度を全国全都市に網羅するため、九九年、さらにマス・メディアを通じ、カウント・ダウンを行い、四半期毎にまだ最低生活保障制度を確立していない都市を公表することを明らかにし、九九年末までに目標の完全達成を目指した。

九九年九月二十八日、予告されていた「都市住民最低生活保障条例」が公布され、同十月一日より施行された。内容は既に実施されている各都市の最低生活保障制度の共通の枠組みを明文化したものであり、規範的な法制化を行ったものである。責任の所在を各都市の人民政府とし、申請より三〇日以内に審査を終えるよう規定している。また、受給対象者に対しては、虚偽の申告や経済状態が好転して受給資格がなくなっても受給し続けた場合の罰則規定も盛り込まれている。

民政省は今後この最低保障制度を広大な農村にも及ぼし、農村最低生活保障制度をつくろうとしている。もし近い将来、こうした方向での制度構築が目標とされるならば、「決定50条」の農村と都市を区別した上で、全体の社会保障大系を構想する考え方を一歩進めるものだといえよう。この具体的な動きはすでに第七章で見たとおりである。

最低賃金保障制度

失業保険の給付金基準の設定は、当地の最低保障賃金と最低生活保障金の中間で、地方政府によって決定されるように制度化されつつあるが、その上限である「国家最低賃金保障制度」は、九四年七月に成立した「中華人民共和国労働法」の施行を機に全国の企業、個人経済組織を含めた、すべての「雇用単位」に適用されるものとして、実行に移されたのである。

この最低賃金は、省級政府が、①労働者本人及び平均扶養者の最低生活差、②社会的平均賃金水準、③労働生産性、④就業状況、⑤地域間の経済発展の差、の五要素を勘案して決定するとされている。

各単位は、②の当地の最低賃金基準より低い賃金を支給してはならないとされ、この最低賃金保障制度は、従来の国有企業や集団企業ばかりでなく、私営企業、外資系企業、個人企業に適用されるものとなっているのである。したがって失業手当や最低生活保障制度の基準設定に一つの目安となるに至っているといえる。

国有企業改革

九九年九月二十二日、十月一日の建国五〇周年を直前にして、中共一五期四中全会が開催され、「国有企業の改革と発展の重要問題」の決議がなされた。

この決議は、二〇〇二年までの三年間で国有企業改革を完成させるという目標達成を再調整し、可能なかぎり「最大の努力を傾ける」が、三年にこだわらず長期的なタームで課題に取り組むことというものである。WTO加盟をめぐる中米交渉の難航と相まって、朱鎔基首相の指導力が問われるものであった。その背後には、急速に進む国有企業、官庁のリストラによる下崗失業問題の深刻化、ストや職場占拠、デモの頻発などの社会不安の拡大があった。

この「国有企業の改革と発展の若干の重要問題に関する中共中央の決定」文書の中で、下崗失業問題と社会保障制度との関連について次のように述べられている。

下崗による再配置、再就業は国有企業改革の重要な内容である。人員整理と増収を有機的に結びつけて、企業のコストダウン、効率向上、収益増加の目的を達成しなければならない。（略）従業員の下崗の手続きを規範化し、企業再就業サービスセンターを適切に運営し、下崗者の最低生活を確実に保障して、社会の安定を維持しなければならない。下崗による再配置は国の財政力と社会の受容能力に適応しなければならない。財政支出構造を調整し、企業、社会、政府が共に負担する方法で資金を調達し、欠損企業や社会から調達する費用の不足分には、財政が保証を与えなければならない。地方財政が確かに困難である場合、中央財政は移算支出を通じてある程度支援する。

下崗者の基本生活保障、失業保険、都市住民最低生活保障制度を一段と完全なものにし、この三つの保障を互いに結合し、下崗者と失業者の最低生活を保障する政策と措置を実行に移さねばならない。

再就業の工作をしっかり行う。効果的な政策と措置を採って、就業口を開拓し、就業先を増やす。積極的に第三次産業を発展させて、より多くの下崗者を吸収する。

（『北京週報』一九九九年第四二号、二六頁）

つまり、財政による基本生活保障、社会保険の失業手当、最低生活保障制度による「生活保護」の「三つの保障線」の組み合わせによって、この大下崗失業時代の社会安定を図り、根本的には再生産の拡大、経済成長を通じて、その解決をはかるものである。

その後WTO加盟をめぐる中米・EU交渉の妥結によって、二〇〇一年にはWTO加盟が見込まれ、開放経済体制の一層の発展の枠組みが形成され、国内経済は新しい内需拡大政策を中心に、大西部フロンティア開発も視野に入れながら、構造調整を乗り切る体制ができつつある。その一環として、多元的な社会保障体制が整備されていくことが展望されている。

（池田　裕）

補章　秧歌《おうか》の盛行に見る中国の老人問題

北京をはじめ、華北や東北の大都市の公園などで、「秧歌踊り」を踊る中高年の集団をよく見かける。とくに、九〇年代になって盛んになったといわれている。

もともと秧歌踊りは日本でいえば「田植歌」であるが、中国では稲の苗を植えることはむしろ希で、陝西、山西、河北や東北地方などの畑作作物の苗植えに由来するものであった。各地で様々な形式があり、豊作祭りや大衆娯楽として行われた農民の伝統芸能の一つであった。それが抗日戦争時代に陝北地方を中心に、共産党の人民文学・芸術運動の中で、掘り起こされ、見直されてきたもので、「秧歌隊」は文化工作隊の一つであった。解放後も国慶節や春節に、赤や青の派手な帯を締めて街を練り歩き、踊って歌う「秧歌隊」がみられた。それが、八〇年代末になると、再び盛んになるのである。

しかし、現代の秧歌は民間芸能ではなく、「一種の健康法」として蘇生したといった方がよい。中国人の健康法としては、太極拳や気功が広く行われていることはよく知られたことであるが、秧歌は主に退職老人達が集団をなして行うところに特徴がある。従って、秧歌隊の盛行は中国の老人人口問題とも深く関わりをもっており、現在進行中の社会保障制度の改革とも密接に関係している。

ここでは、九五年から九八年の三年にわたって、前後三回行った北京の秧歌隊に対する調査結果に基づいて、秧歌隊の社会学をレポートする。

1 北京新秧歌

北京市大衆芸術館阮副館長によると、九六年八月現在、北京には、約一〇〇〇の秧歌隊がある。各隊の規模は、少人数のもので三〇人前後、大人数のものでは一〇〇人を超える。私が実地調査をしたのは五五隊である。隊の組織は、企業などの職場によるもの、居住地によるもの、愛好者によるもの等があり、自然発生的な傾向が目立つ。代表的な四つの秧歌隊について紹介したい。

(1) 按摩秧歌隊

この隊の秧歌の踊りの動作は、伝統的秧歌と多くの点で異なる。その新しい要素を考案したのが隊長の李秀英である。李隊長は、元は、山東省東阿県の漢方医で、その後、北京で按摩の勉強をしていた。ところが、上京して間もない八七年脳血栓を患い、一年八ヶ月間治療に費やした。彼女は、三九歳で寝たきりの苦しみを体験した。

動けるようになり、玉淵潭公園で秧歌踊りを見学していた時、ある秧歌の愛好者より、按摩の知識を秧歌に応用するようアドバイスを受け按摩秧歌を創作し始めた。李隊長は、現在北京で踊られているのは、陝北秧歌、東北秧歌、山東秧歌であり北京で生まれたものではないことに着目し、北京の独自の秧歌を創作しようと決心した。そして、現代の北京の秧歌が健康増進にあるのに注目し、体を鍛える動作のある秧歌を、針灸・按摩・太極拳等を参考に創作した。それが、按摩秧歌である。

按摩秧歌には、四〇に基本的動作があり、それぞれの動作には、「揉肩」、「揉腰和腎」等の名称が付けられている。踊りの動作が独創的なこと、長期間の闘病生活の中で家族の献身的な看病があったことが注目され、九一年三月から九五年十一月までに一六回も新聞等に報道された。これは、現在の秧歌ブームに大きな影響を与えた。李隊長は、多くの企業や地域で、按摩秧歌の講座を開き、参加者の延べ三〇〇〇人を超える。

(2) 首航公司老年秧歌隊

この隊の主要構成員は航空省第三研究院の定年退職者である。馬孝成隊長（元第三研究院秘書長）は、この隊の成り立ちを次のように語っている。

「近年、科学技術がたえず発展して、航空省は、毎年先進国の設備を導入しなければなりませんでした。高度な科学技術と管理方式が、従来の人力や手作業による方式に取って代わり、一台の機械が、多人数の仕事をこなす様になりました。例えば、以前なら二〇人は必要としていた労働者の履歴・生産ノルマ・給料計算・人員の配置・職種等の管理を、現在は一台のコンピューターと二人の管理者で成しとげることができます。ですから、人は余り、退職者は増える一方です。このような中で、退職者が文化活動を組織して活動するのは良いことであり、あるいは、国家に対する貢献と言ってもいいのではないでしょうか。」

コンテスト参加時の演出も行う馬隊長は、秧歌の特別な訓練は受けてないが、少年の頃より東北秧歌を習い、竹馬秧歌や腰鼓秧歌（腰に細長い太鼓をつけ、それを打ち鳴らしながら踊る）も踊れる。文革後、最初に和園が外国人に開放された時、歓迎の行事の一つに秧歌が踊られたが、隊長は、その時の選抜要員にも選ばれている。

航空省第三研究院も秧歌隊の活動を支持しており、練習場として、院内の広い空き地の使用許可と楽器購入に対する援助を行っている。隊員は、広い空き地で、大太鼓使用時の騒音に対する苦情を気にすることなく練習している。

(3) 大興県清源西里大衆文化芸術協会秧歌隊

この秧歌隊は、九六年まで、北京で最も芸術水準の高かった秧歌隊の一つである。九五年には、市内の三つのコンテストで優勝している。とくに九五年北京で開催された国連世界女性会議では、中国を代表する民間舞踊の一つとして開幕式で披露された。

この隊は、北京で唯一の北京市社会団体法人登記証を獲得した隊である。登記証に書かれた活動目的には、「小地区での社会主義精神文明の建設を促進する。各種・各形式の健康促進活動及び文化芸術活動を組織し展開する」とある。社会法人登記をした目的は、経費問題の解決と秧歌隊の社会的地位の向上にある。大興県は、北京市内から遠い。そのため、コンテストに参加する時、バスを借りると、一日五〇〇元はかかる。所属する職場は無いので、参加者自ら負担しなければならない。これは、退職者にとって大きな負担である。もし法人登記証があれば大興県政府所有のバスを無料で借りられることもある。また、コンテスト開催の情報を大興県の宣伝部や文化局が優先的に伝えてくれる。張所偉隊長は、隊の活動について次のように説明してくれた。

「我々の秧歌隊は、東北秧歌が主で、東北秧歌の豪快な動作の特徴を引き継いでいます。しかし、まったく同じというわけではありません。我々は、服装は現代的服装を用いますし、化粧も、京劇のような派手な化粧はしません。現代の秧歌は日常生活の中で健康増進を目的に踊られているのですから、コンテストに参加する時も、現代的服装でいいのです。また、踊りの動作も改革・開放以後の現代社会の内容を表現していきます。とくに今は、専門の舞踊家を招いて、バレエやディスコの動作の吸収に努力しています」

(4) 徳勝門夕陽紅秧歌隊

改革・開放以後、退職者の中には、開放感と自由を求めて精神的に勤務先の束縛から逃れようとする人もいる。また、人口の流動性が大きくなり、居民委員会の管理も以前ほど厳しくはない。そうした中で、完全な民間組織の秧歌隊が最近増加している。特に、徳勝門付近は、建国時に、祝賀行事の一つとして、解放秧歌が、大々的に踊られた所で、経験者も多い。現在ここでは、三つの秧歌隊が活動しているが、この隊も、その一つで、九五年六月に成立した。

活動の中で、参加者は、皆平等で、毎日の参加も本人の自由、制約や拘束はほとんど無い。楽器や服装も隊員達が、共同で資金を出し合って購入したものである。隊員の家庭環境、学歴、年齢も様々で、身体障害者の人も参加している。

踊りの動作は、他の秧歌隊とほとんど同じだったが、最近参加者の要望で16種類の農耕に関する動作を実演している。

現在、活動上の問題は、練習場である。職場等の援助がないため、付近住民への影響を気にせずに大太鼓を使用できる練習場が確保できない。そのため、暫定的に、第二環状道路の付近で練習しているが、自動車の排気ガスがひどく、多くの隊員達はこの点に強い不満を抱いている。

この秧歌隊の調査には、九五年八月、九六年五月、九七年十月、合計三回、それぞれ三〜四ヶ月の期間を費やした。できるだけ多くの隊員を調査するため、主にアンケートによる調査方法を用いたが、インタビューによる調査も行った。

一回目のアンケート調査では、四〇〇人に調査への協力をお願いし、そのうち七三人が回答してくれた。結果の主な内容としては、参加者のうち五一歳以上が全体の五九人（八一％）にもなり、そのうち女性が五六人（七七％）を占めた。収入は月額五〇〇元以下の人が三五人（四八％）を占め、六人（八％）は二〇〇元以下であった。秧歌は、秧歌服購入以外には、ほとんど費用がかからないので、このような低収入の人に向いている。

秧歌への参加目的は六四人（八八％）が身体を鍛えるためで、二三人（三二％）が人との交流を求め、秧歌芸能を追求するのは、わずか三人（四％）に過ぎなかった。このことから、現在の北京の秧歌流行を芸能的角度からのみ分析するのは不十分である。

二回目のアンケートは一〇〇〇人の隊員にお願いし、そのうち二三四人が回答してくれた。この調査の主要な目的は、秧歌が健康維持、促進にどのような効果があるのかをみるためであった。半数以上が、高血圧、心臓病、腰痛、関節炎等の治療に効果があったと回答した。秧歌隊員の医療費は、主に所属している職場によって支払われており、所属している組織が秧歌を援助する大きな理由の一つがこの点にあると思われる。

化粧をし、秧歌服を着て踊る時、何歳くらい若返るかと感じるかと質問したところ、四六%が五から10歳、二九%が15から25歳、一四%が30歳以上と答えた。

秧歌で健康を維持し、どれくらい長生きしたいかとの質問には、百歳以上と答えた隊員が二四%もいた。また、家庭で孫と一緒にいる時間を質問したところ、毎日一緒にいるが一七%、週一〜二回が一九%、そして、四五%が無回答だった。

三回目のアンケートでは、七九〇人の隊員にお願いし、三一八人の回答を得た。この調査の主要な目的は、隊員が、なぜ、これほどまでに健康に気を使うようになったかということであった。その原因を探るために隊員の医療保障・収入・家庭介護状況を尋ねた。

医療保障については、二二%が職場の経営が悪く保障が受けにくくなっていると回答した。中には二年以上も医療保障をしてもらえない隊員もいた。一二%が、退職時の職場の所在地が北京以外なので、医療保障を請求できないと答えた。二六%が医療保障率が既に下がり始めたと答えた。また、万一入院した場合何が心配かと質問したところ、三一%が入院費の一部自己負担をあげ、二二%が保障の効かない食事代の支払いをあげた。

計画出産制度の結果、孫の数が減ったことの影響について尋ねたところ、三〇%が退屈だ、二五%が寂しい、二四%が自由時間が多くなったと答えた。また、四七%の隊員が、改革・開放以後、敬老精神が変化してきていると答えた。

二　ブームの原因

中国の歴史上、このように多くの婦人が毎晩野外で、民族舞踊を踊るような現象があっただろうか。これには必ず社会的背景があるはずである。その要因は、おそらく一つではない。秧歌は中国社会を写し出す万華鏡ではないだろうか。

秧歌隊員は、健康で長寿であることを願う。そして、病気になった時の医療費の問題を危惧している。これは、どこの国でも人々の普遍的な願いであり、共通の問題でもある。しかし、健康を目的に、突然大規模に流行し始めた、この秧歌踊りの中に今日の中国特有の医療に関する特別な問題がひそんでいる。

ひとつには医療費の高騰がある。万一病気になり、入院したら、どれくらい費用が必要だろうか。北京市の九五年の資料によれば、一日当たりの平均入院医療費は約二〇〇元。これは一般労働者の年金月額の約三分の二という高額である。北京市の九〇年と九六年の一回の入院費の上昇率は、多くの隊員と病院関係者の意見を総合すると、北京の物価上昇率の二・四倍よりかなり高いようである。

医療費の六割は薬代というのが北京の実情で、当然、薬価の高騰が医療費高騰の主な原因になったと推測される。

この薬価の高騰を抑制するために、北京市は、九七年より薬価抑制政策を実施し、まず一二一種類の薬価を下げ、とくに、高価格の輸入薬と三資企業の薬価の管理を強化した。このことは秧歌隊員の第三回のアンケート結果にもみられ、一三％が外資系企業の薬の保障が受けれなくなったと答えている。

この医療費がどのように負担されているか見てみると、公務員には、公費医療制度が適用され、労働者には、労働者医療保障制度が適用されている。

公費医療制度は、市財政局が資金負担しているため、給付率は、医療費の九〇％前後で安定しており、保障を延期されることもまずない。これに対し労働者医療保障制度は、企業が負担することになっている。このため、企業の経営状態によって医療保障率が左右され、企業間の給付率は五〇％以下から一〇〇％とさまざまである。また、給付方法も最近は各企業によって多様化している。ある企業は、病院に行く、行かないに関係なく一ヶ月三〇元、年三六〇元支給し、この範囲内においては領収書等を必要とせず、年三六〇元を超えると別途に給付する。また、一ヶ月二〇〇〇元までは企業が負担し、それ以上は個人負担とする企業もある。

ここ数年の政府発表の年金増加率は二〇％を超えており、物価上昇率より高い。しかし、私が調査した限りでは、四〇％の人が、物価上昇率の方が年金増加率より高いと答えている。

また、現行の年金制度は、老人には旧制度、青年にはは新制度の統一年金基金による方法をとり、その中間層は、それぞれの状況によって決定される。このうち、とくに不安定なのは中間層で、企業の状況によって、年金の支払い条件が変わる可能性が高い。九四年では国有企業の三一％が赤字状態になり、九六年には国有企業の負債総額は総資産の八三％に達っしている。このため、年金の支払い延期といった社会問題が当然発生する。この問題は、第三回のアンケート調査結果にも現れ、四〇％の隊員が将来の年金の支払いに不安を感じている。

年金の財政問題には経済的条件以外にも、退職者の増加と、退職者の長寿化という問題がある。九〇年から九六年までの退職者の年平均増加率は七・七％で、九六年末の北京の総退職者数は一三三万人に達している。

一人っ子政策の影響で、家族の構成員数が少なくなってきている。もし、寝たきりになったらどうすればよいのか。隊員の四九％がこのことを心配している。心配の具体的内容は、「多くのお金が必要になる」が二〇％、「介護してくれる人を探さなければならない」が二八％、「家族に迷惑をかける」が二四である。

改革・開放以後、敬老精神が薄れているのも隊員の心配の一つである。四五％が「敬老精神がなくなってきた」と答えている。その理由として、二二％は「子どもの方が親より収入が多いため」答えている。

北京市のの統計によると三〇・三％の人が「お金があってこそ子どもの介護が得られる」と考えている。このような環境の中で、中高年の女性が、健康に注意するようになるのは当然であり、体を鍛える一つの方法として「秧歌」が、多くの人に選ばれているといえよう。

全国の平均寿命は四五年では三五歳だった。それが、九五年で七〇歳を超えている。しかし、一般労働者の退職年齢は、男六〇歳、女五〇歳である。女性の五〇歳はあまりに早い。

隊員に、なぜ秧歌への参加者に女性が多いか質問したところ、三〇％が女性の退職年齢が男性より早いからと答えている。

「私は、もう一〇年働きたかった。でも、人が多いため早期に退職させられました。今は、家で孫の守りをし、学校へ連れていっているけど、これは、仕事より疲れるね」（六一歳、女性）

北京市の家族の規模　単位：％

	2人	3人	5人
1982	15.0	23.1	15.2
1986	16.1	34.0	10.9
1991	18.7	32.3	9.0
1995	20.2	43.6	6.8

「私たちの職場は景気が悪く、四五歳で定年でした。皆、本当に不満でした。私は、退職した後、何もする事が無いのです。私が秧歌を踊っているのは、娯楽を求め、暇つぶしをしているのですよ」（四六歳、女性）

このように退職年齢の男女差に対する女性秧歌隊員達の心境は複雑である。

中国の農耕文化を代表する秧歌踊りは、豊作を祈り、春節を祝って主に男達によって踊られた。それは、共産党により取りあげられ、解放後には、建国を祝い、大衆芸能を表現するものとしてとして踊られた。それが今、中高年の女性を中心に健康増進のために踊られている。

その社会的背景には、薬価の高騰を主とした医療制度の矛盾、物価上昇に追いつかない年金増加額、長く続いた一人っ子政策による家庭介護環境の変化、長寿化にも拘わらず五〇歳という非常に早い女性の退職年齢等の問題がある。

政府主導で行われた解放秧歌が、建国後二、三年でブームを終えたのに対し現在の健康志向の秧歌は、もう一〇年近く続いている。このことからも、中高年の女性の健康に対する配慮と社会保障制度に対する憂慮が如何に根深いものであるか窺える。それは、社会主義国家の重要な国策の一つである社会保障制度への懐疑の表れではなかろうか。

（吉田治郎兵衛）

おわりに——三三制と三本の保障線

二〇〇〇年十月に開催された中共一五期五中全会は、改革・開放二〇年と第九次五カ年計画の成果を踏まえ、二〇〇〇年には「社会主義市場経済体制」が初歩的に形成されたこと、国民の生活水準は「小康水準」に達し、二一世紀には近代化実現の第三段階に入ることを宣言した。九〇年の「温飽（衣食）水準」段階から「小康水準」を達成し、二一世紀半ばの「世界の中等水準」を目標とする段階に至ったというのである。

このことは、社会保障制度も老齢年金、医療、失業保険および都市住民最低生活保障制度を重点とする社会保障体系の全体の枠組みがすでに初歩的ながら形成されたということを意味している。そして新世紀の課題は、すでに形成された枠組みに沿って、二〇一〇年までに完全な社会保障制度の確立を達成することに置かれている。

二〇〇〇年時点の中国の社会保障制度の現状は、四つの部門における基本枠組みと構造調整に伴う下崗失業対策において、原則的に見通しが立った段階にあると言えよう。

一九九八年五月から下崗者の存在するすべての国有企業に、「再就職サービスセンター」が設置され、そこで下崗者に基本生活保障費を支給し、社会保険費用を納入して職業訓練を施し、再就職の促進が計られた。三年経っても再就職ができない場合は、元の企業と労働関係が解除され、失業保険の手当をうける。失業手当は最高二年で、それでも就職できない場合は都市住民最低生活保障制度の対象となる。こうして、下崗者には、基本生活保障制度、失業保険制度、都市住民最低生活保障制度の「三本の保障線」のセーフティ・ネットが形成された。この下崗者の基本生活保障の確保と並んで、企業退職者の老齢年金の期日通りの全額支給の確保が厳しく追求され、「二つの確保」が強調された。

下崗の状況は二〇〇〇年には、新規下崗者が前年の半分以下の五〇〇万人にとなり、今後三年間に状況が次第に緩和される見通しとなっている。基本生活費は九九年七月から三〇%引き上げられ、二〇〇〇年からは「三三制」（財政、企業、社会が三分の一ずつ負担する方法）の資金調達原則を実行し、基本生活費を確実に保障するようになった。つまり、企業と社会が調達できない分は国家財政がそれを保障するわけであり、改革コストのこの部分は大きく財政に依存した形で処理されることになる。

一九九九年九月、全国六六八の都市と一六三八の県城鎮すべてで最低生活保障制度が実施され、国務院の任務を三カ月繰上げ達成した。同年七月には、保障基準を三〇%引き上げ、最高は深圳市の三一九元、次にアモイ市の三一五元、広州二八一元、上海二八〇元、北京二七三元などとなった。

意外と普及が進んでいるのが、農村の最低生活保障制度である。九六年の民政部の提起に答え、各県市は最低生活保障制度を陸続と実施したのである。九九年七月には一六六〇の県、市、区が実施し、全体の六七%を占めるに至っている。保障を受けている農村住民は三〇六万人で都市の二八一万人より多い。山東省膠州市の例では、一人月八〇元（九六年）であった。都市部の最低一四〇元程度と比べるとかなり低い水準ではある。

老齢年金保険加入者は一九九九年末に九五〇〇万人に及び、前年より一〇〇〇万人増加した。都市の従業員総数が二億一〇一四万人なので、加入率は四五%である。まだまだ加入者の拡大の余地は大きい。また、独立の社会保険サービス機構をつくり、企業から社会保障制度を切り離す試みが進んでいる。

現状では、まだ老齢年金受給者が期日通り年金をもらえないとか、医療保険の給付が滞り、病院で高額の医療費を実費で取られるとか、社会保険や社会保障にまつわる社会摩擦は、ひところに比べると格段に減少している。これは中国の社会保障制度が整備されてきた証左でもあろう。

（高橋　満）

執筆者一覧

高橋　満（帝京大学教授・中国研究所理事）
劉　暁梅（遼寧師範大学専任講師・広島大学大学院博士課程）
沙　銀華（ニッセイ基礎研究所研究員）
許　海珠（国士館大学助教授）
池田　裕（磯子中央・脳神経科病院副院長）
吉田治郎兵衛（東京大学大学院博士課程）

◉

中研叢書 2

中国は大丈夫か？
社会保障制度のゆくえ

2001年3月20日　第1版第1刷

編者

社団法人中国研究所

発行人

酒井武史

発行所　株式会社　創土社

〒165-0031　東京都中野区上鷺宮5-18-3
電話　03（3970）2669 Fax 03（3825）8714
カバーデザイン　上田宏志
印刷　新栄堂
ISBN4-7893-0013-7　C0036
定価はカバーに印刷してあります。